Fulbert Steffensky
Das Haus, das die Träume verwaltet

Fulbert
Steffensky

Das Haus, das die Träume verwaltet

echter

Die Deutsche Bibliothek – CIP-Einheitsaufnahme

Steffensky, Fulbert:
Das Haus, das die Träume verwaltet / Fulbert Steffensky.–
Würzburg : Echter, 1998
    ISBN 3-429-01997-4

9., unveränderte Auflage 2006
© 1998 Echter Verlag Würzburg
Umschlag: Uwe Jonath (Foto: Oscar Poss)
Druck und Bindung: Pustet, Regensburg
    ISBN-10: 3-429-01997-4
    ISBN-13: 978-3-429-01997-6

Inhalt

Vorwort

Im Titel dieses Buches stoßen sich die Bilder. Können Träume verwaltet werden? Welches Haus soll sie bergen? Braucht ein Traum mehr als das Herz und die Phantasie eines Menschen?

Es geht mir bei den folgenden Überlegungen nicht nur um die Kräfte und Möglichkeiten von einzelnen. Es geht um Religion und Glauben als eine Bildungslandschaft, die uns zuvorkommt und uns zur Erinnerung verhilft. Wir haben vielleicht seit der Aufklärung zu optimistisch gedacht über die Kraft der Innerlichkeit, über die Erkenntnis- und Gewissensfähigkeit der einzelnen Subjekte. Sowohl die jüdische und christliche wie auch die bürgerliche Tradition haben uns gelehrt, daß der Mensch Meister seiner selbst sei; daß sein Verstand die Kraft der Erkenntnis und sein Herz die Fähigkeit des Gewissens aus sich selber und in sich selber habe. Wir haben gelernt, daß die Redlichkeit und der gute Wille die Wahrheit erkennen und daß wir ihr mit dem Gewissen folgen könnten. Wir haben an die Naturwüchsigkeit von Wissen und Gewissen geglaubt. Wir haben die Welten vergessen, in denen der Einzelne gut oder böse wird.

Um diese Welten geht es vor allem in diesem Buch. Die Träume von der Güte des Lebens und von der Gerechtigkeit verwelken, wo sie nicht ernährt werden durch mehr als durch die einsame Kraft und Phantasie des Individuums. Darum frage ich nach Institutionen und Einrichtungen, die den Geist und die Wünsche nach Recht und Gelingen stärken, sie mitteilbar und langfristig machen. Darum frage ich nach der Öffentlichkeit des Glaubens und nach einer Kirche, die dem Einzelnen erlaubt, mehr zu sein, als er von sich aus sein kann. Darum frage ich nach Formen und Inszenierungen des Geistes, nach Ritualen und Symbolen, in denen Spiritualität sich gestalten und unabhängig werden kann von der augenblicklichen Gestimmtheit und Kraft des Menschen. Die Sprache, die wir haben; die Formen, Rituale und Rhythmen; die Traditionen, die uns begegnen; die Gesten, in denen wir uns ausdrücken, sind die Häuser, in denen unser

Glaube wohnt. Sie können ihn bergen, und sie können ihn ersticken.

Die meisten Teile dieses Buches sind im Hessischen Rundfunk gesendet worden. Klaus Hofmeister hat als Redakteur des Kirchenfunks ihre Veröffentlichung angeregt. Dafür danke ich ihm. Gewidmet ist dieses Buch meiner Frau, mit der ich jung sein durfte und mit der ich alt zu werden hoffe.

Das Haus,
das die Träume verwaltet – Kirche

Fremd in der eigenen Kirche

In der Kirche fühle ich mich nicht zu Hause, so klagen viele
Christen. So klagen die Alten, die die Lieder, die Gebete und
die Gesten ihrer Kindheit dort nicht mehr finden. So klagen
die Jungen, die ihre eigene Sprache und ihre eigenen Lieder
dort nicht finden. Alle haben das Gefühl, in Räumen zu
wohnen, deren Möbel sie nicht ausgesucht haben. Und alle
haben recht mit dieser Klage. Ich sehe einen alten Menschen
vor mir, der seine Erfahrung gemacht hat mit einer bestimmten Gestalt des Gottesdienstes; den eine alte Geste getröstet hat, in einer Lebensniederlage, und jetzt findet er sie
nicht mehr; den ein altes Lied ermutigt hat, als ihn das Leben geschlagen hat, und jetzt ist es ausgetauscht gegen ein
neues. Dieses neue Lied, die neue Geste ist wie ein unbe-
schriebenes Blatt; ein Blatt, auf das er seine Hoffnungen und
Enttäuschungen noch nicht geschrieben hat. Jede Neuerung
ist auch ein Stück Vertreibung von Menschen aus Lebens-
häusern. Das müssen die Jungen sehen.
Ich sehe aber auch junge Menschen vor mir. Ich sehe die
Konfirmanden, die Lieder singen, die sie nicht verstehen und
an die sie mit ihrer Lebenserfahrung nicht heranreichen. Ich
sehe junge Erwachsene, die ihren Glauben wie ihre
Großmütter und ihre Großväter ausdrücken müssen und denen eine eigene Sprache nicht gestattet wird. Ich sehe, wie die
Pfarrer und die Organisten die Nase rümpfen, wenn jene
sich anders ausdrücken wollen als in der altbewährten Sprache und als in den altbewährten Liedern. Ich sehe, wie diese
dem Irrtum unterliegen, das Alte sei das Bewährte. Wenn
man Menschen nicht zu ihrer eigenen Sprache kommen läßt
und ihnen die eigenen Lieder verbietet, verwehrt man ihnen,
im Haus des Glaubens zu wohnen. Das müssen die Alten
wissen.
Alle haben recht, wenn sie Heimat einklagen in ihren Kir-

chen. Das Problem ist, daß jeder eine andere Heimat einklagt und daß diese Heimaten nicht zueinander passen. Wie also entkommen wir der Misere?

Aus der Ostdenkschrift der evangelischen Kirche lerne ich einen schönen Satz: daß nämlich der Mensch ein Recht auf Heimat hat, daß dieses aber ein begrenztes Recht ist; daß ich um dieses Recht keinen Krieg führen darf. Vielleicht gilt dies auch für unser Heimatrecht in der Kirche; für das Recht auf die von uns bevorzugte Sprache; auf *unsere* Lieder und auf *unsere* Lieblingsinhalte. Es sind keine absoluten Rechte. Ihretwegen brauchen wir uns nicht zu bekriegen und einander die Lebenslandschaften zu zerstören. Wir sind nie ganz zu Hause, auch in unseren Kirchen nicht. Aber ist denn das so schlimm? Die Alten und die Jungen haben ein Recht, ihre Heimat einzuklagen. Aber ich habe auch eine böse Vermutung bei dieser Klage: daß nämlich die verschiedenen Gruppen immer nur sich selbst einklagen. Kann dahinter nicht auch ein bornierter Provinzialismus stecken? Zu Hause bin ich nur bei mir selbst; dort, wo meine Lieder gesungen werden, meine Sprache gesprochen wird, meine Lieblingstexte zitiert werden, und zwar in der Weise, wie es mir am besten gefällt. Zu Hause bin ich nur bei mir selbst – welch eine erstickende Heimat das wäre! Die einzigartig zu mir passende Heimat, die nur aus meinen Gesten, aus meinen Liedern und aus meinen Gedanken gebaut ist, ist ja auf Dauer auch außerordentlich langweilig; so langweilig ich eben mit mir selbst und mit mir allein bin. Ich bin mir selber nicht genug – das lernt man langsam im Leben. Und ich brauche mehr als mich selber. Ich brauche also die Fremde. Ich brauche die Gedanken, die Gesten und die Glaubensspiele meiner alten und meiner jungen Geschwister. Ich brauche die Lieder der Toten. Ich möchte ein Spieler werden, der zu Hause spielt auch in der Sprache der Geschwister, die mir nur halb zu eigen oder gar fremd ist.

Warum ist mir diese Fremde wichtig? In der fremden Sprache spiele ich immer mehr, als ich bin. Es fällt uns oft schwer, das Leben zusammenzubringen. Es fällt uns schwer, den Morgen und den Abend zu loben. Es fällt uns schwer, Gott am Leben zu preisen und zu glauben. Was soll ich tun?

Stumm bleiben, weil mir die Sprache und der Glaube nur halb gelingen? Ich kann mir Stimme leihen bei denen, die mehr Sprache haben. Wenn die Unruhe des Lebens uns verzehrt und uns selber die Sprache schwerfällt, können wir uns einen Spruch und ein Lied leihen, etwa von Johann Franck aus dem 17. Jahrhundert, und singen: »Tobe, Welt, und springe; ich steh hier und singe in gar sicher Ruh!« Wenn die Tyrannen das Leben würgen, kann ich in einem fremden Lied singen: »We shall overcome!« Ich singe in einer fremden Sprache, in diesem Falle sogar wörtlich genommen. Ich muß nicht ganz dahinter stehen. Da die Sprache nicht meine ist, identifiziere ich mich nicht ganz mit ihr. Auch mein Unglaube hat ein Recht. Aber ich identifiziere mich auch nicht völlig mit meinem Unglauben. Ich leihe mir die Sprache meiner Geschwister, der lebenden oder der toten, und lasse das Leben nicht stumm. Ein katholischer Priester hat mir einmal gesagt: »Wenn mir das Beten schwerfällt, dann spreche ich einen Psalm auf Latein. Das kann ich dann noch.« Er betet in der fremden Sprache. Er ist nicht stumm, und er ist noch nicht im Eigenen. Er maskiert seinen halben Glauben mit dem Glauben seiner Geschwister. Auch das ist eine Weise, den Glauben zu lernen, indem man ihn den Geschwistern abguckt und vom Munde liest. Man lernt sich auch von außen nach innen. Man lernt seinen Glauben, seine Lebenshoffnung und das Vertrauen auf die Güte des Lebens, indem man nachsprechen lernt, was man erst halb glauben kann. Die Gebete der Kirche, ihre Lieder und ihre Gesten sind immer besser als sie sind, weil die Toten, die sie vor uns gesprochen und ihren Glauben darin ausgedrückt haben, sie gewaschen haben mit ihren Tränen und mit ihren Hoffnungen. Ein Psalm ist wie ein abgegriffener Stein, durch viele Hände gegangen und schön geworden durch die Wärme der Geschwister. Man braucht nicht an der eigenen Dürftigkeit zu verhungern; das heißt eine Tradition zu haben und Geschwister zu haben. Und so ist mir die Fremde vielleicht doch wichtiger als mein eigener windschiefer Glaube und seine Sprache.

Die Alten klagen Heimat in der Kirche ein und finden sie nicht; die Jungen klagen und fühlen sich verloren. Und alle sollen froh sein, daß sie mehr finden als sich selber. Ist das nicht doch zu glatt und zu abstrakt? Ich bleibe zwar beim Lob der Fremde, aber ich muß etwas nachtragen. Es gibt nicht die gleiche Fremdheit der verschiedenen Gruppen in unseren Kirchen. Es gibt solche, die in besonderer Weise sprachverstoßen sind. Das sind die jungen Menschen, das sind die Arbeiter, und das sind die Frauen. Man kann nicht übersehen, daß bis heute die kirchliche Sprache, die Gestaltung der Gottesdienste und ihre Inhalte vorrangig diktiert werden von der Gruppe der 50- bis 70jährigen Männer und Akademiker. Sie sind die theologischen und ästhetischen Sprachführer. Sie haben die Lebenswichtigkeiten diktiert. Sie haben die Gesten entworfen und die Bilder geprägt. Und weil sie es alleine waren, haben sie andere Sprachen, Bilder und Wichtigkeiten auch immer exkommuniziert. Das ist auch ein Stück Kirchenraub. Beraubt wurde die Kirche der Sprache von jungen Menschen und der Sprache der Frauen sowie der Arbeiter. So müssen wir *ihre* Klage ernster nehmen, weil sie mehr Recht dazu haben. Wenn sich diese Gruppen ihr Sprachrecht in der Kirche nehmen, werden wir Zusammenbruch und Gewinn zu erwarten haben. Gewinn, weil die Kirche reicher wird, wo junge Menschen, Frauen und Nicht-Akademiker ihre Lebensabsichten und ihre Sprache nachtragen. Zusammenbruch, weil dies nicht geht, ohne daß gebaute Bildwelten aufgelöst werden. Denn das Gute kommt nicht ohne den Ruin des Falschen. Jeder Eingriff und jede Veränderung, die unsere alten und gewohnten Landschaften stören, machen uns Angst. Allein das Vertraute und Gewohnte scheint uns zu schützen und zu bergen. Aber es hilft nichts: Die christlich-jüdische Tradition ist kein Aufruf zur Rettung der Normalität und des Immer-schon-Dagewesenen. Sie vertreibt uns eher aus unseren Gewohnheiten. Das Wort »neu« ist in ihr wichtiger als das Wort »alt«. Das gilt auch für die Gestalt unserer Frömmigkeit, das gilt auch für die Weise unserer Gottesdienste. Nichts steht fest, und nichts ist endgültig. Unveränderlichkeit ist ein Merkmal des Todes, nicht des Lebens. Es muß schön sein, so erwachsen zu sein, daß uns etwas nicht mehr abstößt, nur weil es neu für uns ist. Schön ist ein neugieriger und spielerischer Humor, der weiß, daß alles noch besser und reicher werden kann und daß die dürftige Gegenwart nicht das letzte Wort ist.

Die ritualisierte Kirchenfeindschaft im Protestantismus

Ich erinnere mich an einen Palmsonntag, an dem ich den Leitartikel zum Heft einer Zeitschrift zu schreiben hatte, das sich mit dem Thema Kirche befaßte. Am Tag vorher war ich in einem Gottesdienst zum Gedächtnis an Oscar Romero, den ermordeten Bischof aus El Salvador. Wir sangen ein Lied mit einem Text von Helder Camara; wir sangen »Jesu, meine Freude«. Wir hörten eine Passage aus einer Predigt des getöteten Bischofs. Die Gemeinde stand im Kreis und teilte ihre Bitten und Befürchtungen für das ausgeblutete El Salvador. Kirche, wie ich sie wünsche und liebe. Menschen lernen beten an den Hauptgegenständen des Lebens, an den Leiden der Opfer. Sie machen sich gleichzeitig mit der weitergehenden Passion Christi in dem kleinen, geschlagenen Volk in Mittelamerika. Sie bleiben nicht allein mit ihren Wünschen, sie teilen sie – Kirche! Sie verbinden ihre Wünsche mit der alten Vision vom Reiche Gottes.

An jenem Sonntag danach – Palmarum – war ich im Gottesdienst einer üblichen Ortsgemeinde. Nach einem alten katholischen Brauch zogen die Menschen mit Palmzweigen in die Kirche ein. Der Chor sang den Actus Tragicus. Die Bachkantate war unterbrochen durch die Lesung der Passionsgeschichte. Fast eine dreiviertel Stunde saßen die Gottesdienstbesucher da und hörten konzentriert auf den alten Text, der langsam und gut gelesen wurde. Der Gottesdienst schloß mit dem Abendmahl und mit dem Lied »Wenn ich einmal soll scheiden«. Vielleicht liebe ich die erste Kirche mit ihrem Gottesdienst am Tag zuvor mehr als die zweite mit dem Palmarum-Gottesdienst. Sie war deutlicher und entschiedener. Aber welch eine erstaunliche Stelle ist auch dieser zweite Gottesdienst in der Großstadt Hamburg. Menschen sitzen fast zwei Stunden zusammen; sie singen miteinander. Es sind keine geübten Sänger, natürlich, der Chor war ausgezeich-

13

net. Aber die anderen singen eher mit zitternder und ungeübter Stimme. Sie hören konzentriert eine lange Zeit die alte Geschichte, in deren Mitte ein Gefolterter und Getöteter steht und in der zugleich behauptet wird, daß die Liebe nicht sterben kann. Kirche! Welch eine Stelle, an der das Verfemte seinen Namen hat: der Tod des Gerechten, das Leiden und der Schmerz. Welch eine Stelle, an der das nicht mehr Genannte zur Sprache kommt: die Schuld und der Verrat. Und eine Stelle, die mit der Humanität der Menschen rechnet – damit, daß sie hören können; daß sie singen können und daß sie beten können. Was wäre, wenn es diese Stelle nicht mehr gäbe? Ich bin stolz auf diese Kirche.

Am Nachmittag jenes Tages nun setzte ich mich an meinen Artikel über die Kirche. Ich las in den Protokollen der Redaktionssitzung, in der das Kirchenheft jener Zeitschrift geplant wurde. Und ich erschrak. Es waren fast nur kritische und pessimistische Gedanken, die uns eingefallen waren. Was ist mit der Volkskirche? fragten wir. Wieviel Verrat am Evangelium fordert sie? Was ist mit der Macht der Kirche? Was ist mit den Frauen in der Kirche? Was ist mit der toten Sprache der Kirche? Vielleicht findet sich der Kirchenpessimismus am deutlichsten in den Titelformulierungen, die wir ausprobierten:

Patient Kirche!

Kirche contra Evangelium!

Das Kreuz mit der Kirche!

Ist die Kirche noch zu retten?

Keine der kritischen Fragen, die wir gestellt haben, finde ich unerheblich oder falsch. Aber an der Kirche, die wir dort besprochen haben, kann man fast nichts lieben. Es ist, als hätten wir uns allein auf ihre Runzeln konzentriert. Das aber ist eine Form von Selbstentheimatung. Man erklärt die Kirche als den Ort des unmöglichen Lebens und wundert sich zugleich, daß man in ihr nicht leben kann und fremd ist.

Haben wir nicht etwas vergessen? Die Kirche als der Ort, an dem Menschen fast 2000 Jahre ihre Gebete sagen und ihre Lieder singen; wo sie getröstet werden und wo sie die Hoffnung lernen; die Kirche als ein Ort der Geschichten von der Zuneigung Gottes. Wenn ich an Kirche denke, dann fällt mir meine Mutter ein, die eine einfache Frau war und die an diesem Ort das Brot gefunden hat, von dem sie lebte. Darin lasse ich mich von all den Ranke-Heinemanns und Drewermanns nicht beirren, die sich damit begnügen, die Geschichte einer Zerstörung und eines Verrats zu beschreiben. Nichts gegen diese Bücher! Es muß sie geben. Aber die Geschichte des Ungenügens und des Verrats ist nicht die einzige Geschichte, die wir mit der Kirche haben.

Aber, so frage ich mich, ist die kritische Aufarbeitung vielleicht das Charisma des Protestantismus? Die Fragen, die wir uns in jener Redaktionskonferenz gestellt haben, sind ja nicht falsch, und sie müssen ihren Ort haben, an dem sie gestellt werden. Wir haben sie nicht aus Leichtsinn gestellt, sondern aus dem Wunsch nach einer unkompromittierten Kirche. Vielleicht ist es nicht schlecht, wenn Protestanten weniger mit der Kirche identifiziert sind und sie prinzipiell kritischer sehen als die Katholiken die ihre. Aber es gibt im Protestantismus – und besonders unter seinen Theologen und Theologinnen – sicher die dauernde, unbesonnene Mäkeligkeit der Kirche gegenüber; eine erstaunliche negative Fixierung auf Kirchenleitungen und auf die institutionelle Seite der Kirche. Sobald sie »Kirche« hören, zücken sie das Messer und entmutigen sich selber. Das Christentum bejahen sie, aber möglichst nur als Gesinnung, möglichst nur als Ethos und möglichst fern von seiner Gestalt und seinen Institutionen.

Ich möchte einen Satz aus der alten katholischen Meßliturgie zitieren. Vor der Kommunion spricht der Priester in einem Gebet: »Schaue nicht auf meine Sünden, sondern auf den Glauben deiner Kirche!« Es ist ein mystischer Satz, dessen Wahrheit ich nicht erklären kann und den ich doch für unentbehrlich halte. Er sagt: Die Kirche ist mehr als die Summe des guten Willens und der Reinheit der Menschen, die in ihr sind. Er sagt: Ich lebe nicht nur aus mir, und ich bin nicht nur ich. Es gibt den »Glauben« der Kirche, ihren Schatz, der uns allen und der jeder konkreten Gestalt der Kirche vorliegt. Es gibt bei aller Selbstschändung, die die Kirche betreibt, ihr unschändbares Antlitz. Er sagt: Die Gemeinde wird nicht nur aufgebaut durch ihre eigene Reinheit, so sehr sie zerstört werden kann durch ihre Unreinheit. Kirche ist immer etwas über sich selbst hinaus. Die Alten haben das in vielen Bildern ausgedrückt: Sie ist »Leib Christi«, sie ist »Braut Christi«, sie ist Mutter. Ich verstehe diese Bilder nicht, wohl ahne ich ihre Notwendigkeit. Ich kann diese Bilder einwenden gegen die Verzweiflung an uns, der konkreten Gestalt der Kirche. Dies muß ja nicht gleich zur »Hausvoll-Glorie«-Ideologie führen. Aber der Gedanke kann uns trösten und uns sagen, daß wir nicht alles Brot selber backen müssen, von dem wir leben. Der »Glaube« jener Kirche ist größer als der Glaube der real existierenden Kirche. Die Fremdheit des Gedankens soll uns nicht abhalten, ihn zu denken. Wenn man es braucht, muß man manchmal auch mehr sagen, als man versteht.

Aber zurück aus der Mystik in die Realität! Könnte es sein, daß der Kirchenbegriff zerfällt, weil Kollektivbegriffe überhaupt zerfallen und weil wir uns prinzipiell nur noch von uns selber her verstehen? Dazu wiederum ein kirchliches Beispiel: Zwei miteinander im Streit liegende Gruppen treffen sich, um diesen Streit aufzuarbeiten. Einer der Theologen schlägt vor, die Gruppen sollten vor dem Streitgespräch miteinander beten und das Abendmahl nehmen. Die Mitglieder der beiden Gruppen entrüsten sich und sagen, sie könnten dies mit ihrer Wahrheit nicht vereinbaren. Erst müßten sie miteinander streiten, und in der Auseinandersetzung müsse sich erst erweisen, welche Voraussetzungen sie hätten, miteinander zu beten. Es ging dem Theologen bei seinem Vorschlag keineswegs um die Vermeidung des Streits und um einen faulen Frieden. Aber die beiden Gruppen konnten die Wahrheit nur akzeptieren, sofern es ihre Wahrheit war. Ihr Interesse, mit sich selbst identisch zu bleiben, ließ nicht zu, daß sie sich im Gebet einen Vorgriff auf die Versöhnung erlaubten. Sie konnten nicht denken, daß beiden ja ein gemeinsames Drittes vorlag, von dem aus und auf das hin sie eigentlich stritten: die Bibel, ihre eigene Tradition und der Gott der Versöhnung. Sie zwangen sich dazu, bei sich selbst zu bleiben und sich in sich selber zu erschöpfen. Es war eine Art Selbstaushungerung, indem sie nicht mehr wollten als den eigenen Augenblick, die eigene Existenz und die eigene Redlichkeit. Hier stehe ich, ich kann nicht anders! Mehr als mich habe ich nicht, und mehr als mich will ich nicht! Versöhnung konnten sie nur denken als von ihnen selbst erschaffen und verantwortet. Was nicht durch die eigenen Hände gegangen war, was nicht identisch war mit dem eigenen Denken und der eigenen Auffassung, das konnte nicht angenomnen werden, auch nicht probeweise, auch nicht im Vorgriff.

Ich kritisiere hier eine an vielen Stellen zu beobachtende Tendenz, sich selber und sich allein zur Norm und zum Horizont dessen zu machen, was man sagen, was man denken und was man glauben kann. Ich kritisiere den Isolationismus und die magersüchtige Redlichkeit, die nichts zuläßt, was man nicht selbst gedacht und erfühlt hat. Die Summe des Glaubens, der Weltauffassung und der Ethik ist das eigene Spiegelbild. Das Subjekt ist immer nur mit sich selbst ausgestattet, den eigenen Gedanken, den eigenen Erfahrungen und den eigenen Überzeugungen, und in ihnen allein liegt das Heil. Ich und Ich vereint zusammen! Identität ist allein Identität mit sich selber. Die Außenwelt, die Gesellschaft, die Institutionen, die Traditionen bleiben unerheblich oder werden nur noch als das Exil aufgefaßt, in das die eigene Seele verbannt ist. Ganzheit und Authentizität werden vor allem als Übereinstimmung mit sich selbst verstanden. Es ist die Erschöpfung der Menschen in den Liebesaffären mit sich selber. Diese Selbstbesetzung und Selbstversessenheit löst die Entfremdung der Menschen in den Systemen zwar ab, macht sie aber zu Gefangenen ihrer eigenen Herzen. Nicht daß wir gelernt haben, Ich zu sagen und uns selber zu verlangen, kritisiere ich, sondern daß wir nur noch Ich sagen und nichts anderes mehr verlangen als uns selber. Diese Selbstprovinzialisierung ist nicht nur die Quelle neuen Unglücks, sie saugt auch die Phantasie für fremdes Leiden auf. Kirche oder Gemeinschaft kann vor dieser Verbannung in sich selber nicht mehr gedacht werden.

Auf Dauer gibt es Glauben ohne Kirche nicht. Glaube und Hoffnung sind zu schwer für den einzelnen. Man muß sich vergesellschaften, um zu leben. Man muß die Bilder, die Geschichten und die Lieder der Hoffnung teilen, um sie hören und singen zu können. Die Kirche als der Ort des geteilten Mutes und des geteilten Zweifels. Viele von uns, die sich als Christen bekennen, die Kirche, den Gottesdienst und die Zugehörigkeit zu einer Gemeinde aber nicht mehr wollen, leben noch davon, daß es diese Kirche einmal gegeben hat für sie. Dort haben sie die Psalmverse gelernt, die ihnen etwas bedeuten; dort haben sie die Bilder gelernt, von denen sie leben und ihr Leben gestalten. Was aber wird aus unseren Kindern, wenn sie solche Stellen der Prägung gar nicht mehr kennen? Welche Lieder werden sie singen, und welche Geschichten werden ihnen einfallen in den Zeiten der Kargheit? Ich habe den Eindruck, wir tun alles, um unseren Kindern das äußere Leben zu ermöglichen, fast nichts aber, um sie spirituell zu ernähren. Wir erschöpfen uns darin, uns unsere Wunden zu lecken, die diese Kirche uns vielleicht einmal geschlagen hat.

Die Träume gehen verloren

Eine der politisch-spirituellen Grundaufgaben der Kirche ist die Überlieferung der Geschichten und der Bilder von der Würde des Menschen. Daß das Leben kostbar ist, daß Gott es liebt, daß niemandem die Zukunft versperrt sein soll, daß wir zur Freiheit berufen sind, daß die Armen die ersten Adressaten des Evangeliums sind – das sagt, singt und spielt uns die christlich-jüdische Tradition in vielen Geschichten und Bildern vor. Das Evangelium bildet uns, es baut an unseren inneren Bildern, an unseren Visionen vom Leben. Wer einmal mit Jesaia 35 gelernt hat, daß ein Land versprochen ist, in dem auch der Lahme springt, in dem die Blinden sehen, in dem auch die Stummen sprechen, der wird nicht völlig zu Hause sein in einer Gegenwart, in der die Sprachlosigkeit so vieler als gegeben hingenommen wird und die für die meisten Menschen nicht mehr als eine Wüste ist. Das Evangelium baut unsere Träume von der Gerechtigkeit, es baut unser Gewissen. Der Mensch ist nicht nur verantwortlich *vor* seinem Gewissen. Verantwortlich ist er auch *für* sein Gewissen. Es gibt zwei Arten von Schuld. Die eine ist, gegen sein Gewissen zu handeln. Die andere, **gefährlichere ist, kein Gewissen zu habe**n. Die Idee der Gerechtigkeit und das Gewissen sind nicht selbstverständlich, sie gehören nicht einfach zu unserer Natur, sondern wir müssen sie lernen. Es ist nicht selbstverständlich, daß die Schwarzen nicht Beute der Weißen werden sollen; das lehrt uns die Geschichte des Rassismus. Es ist nicht selbstverständlich, daß die Indianer nicht Sklaven der Christen werden sollen; das lehrt uns ein Blick auf die theologische Argumentation der spanischen Eroberer des neuen Kontinents. Deren Satz »Es kann nicht nur Störche, es muß auch Frösche geben« ist viel selbstverständlicher, geläufiger und einleuchtender. Das Evangelium bildet uns, es lehrt uns Gerechtigkeit und Gewissen. Somit wird Verkündigung und Einführung in die Bilder des Lebens zur zentralen Aufgabe der Kirche. Erinnerung an die Träume und Erinnerung an die Opfer – das schuldet die Kirche sich selber und einer traumlosen Gesellschaft.

Die Träume gehen verloren. Wir sehen uns neuen Lebenslagen gegenüber, in denen Gedächtnislosigkeit und Traumlosigkeit zum Prinzip zu werden droht. Gedächtnis und Traum hängen zusammen. Es fällt mir schwer, mir eine Humanität vorzustellen, die nicht wesentlich Gedächtnis des Leidens und der Zerstörungen ist. Es gab einmal einen von fast allen angenommenen Horizont, eine Lesart von Geschichte und Welt, einen Normenkanon, welcher Solidarität, Achtung des Lebens und Gedächtnis der Toten gebot. Menschen waren gewohnt, normativ zu denken. Es gab Normen, die sich in Erzählungen, Begehungen und Bildern aufführten. Es gab humanistische, christliche und sozialistische Würdetraditionen, auf die man sich berufen konnte und vor denen die Würdelosigkeit, die Ungerechtigkeit und das Vergessen es nicht ganz leicht hatten. Man konnte gegen diesen Kanon verstoßen, aber immerhin gab es ihn. Man mußte deswegen die eigene Würdelosigkeit kaschieren, entschuldigen, leugnen. Was aber, wenn in einer post-traditionalen und post-moralen Gesellschaft dieser Normenhorizont mit seinen Inhalten und Dramatisierungen selber zusammenbricht? Wir erleben im Augenblick den Zusammenbruch oder die Entwichtigung zweier großer Lesarten der Geschichte, des

Sozialismus und des Christentums. Den Anteil dieser beiden Lesarten an der Beleidigung des Lebens will ich nicht unterschlagen. Aber immerhin war es so, daß das Christentum den Christen selber in den Weg trat; daß die Idee des Sozialismus wenigstens gelegentlich die Realität des Sozialismus störte. Rosa Luxemburg und Franz von Assisi konnten nie ganz verscharrt werden. Man hatte sie immer noch als Leiche im Keller, und gelegentlich gab es die Auferstehung der Toten. Es gab verpflichtende Texte, auch wenn sie noch so oft gefälscht wurden. Diese Texte befahlen, die Welt von den Opfern und von den Beleidigten her zu lesen. Was aber, wenn die Texte verschwinden; wenn nichts mehr zu lesen ist?

Der neue Feind der Erinnerung könnte die ungestörte Heutigkeit der Subjekte werden; der traditionsfreie Mensch, der sich selber Horizont und Norm ist. Wenn die normativen Horizonte eingestürzt und die Bilder vom ganzen Leben verschwunden sind, braucht man sich nicht einmal die Mühe des Kaschierens und Verdrängens zu machen. Man kann die Erinnerung kostenlos begraben. Es gibt auch die Würdelosigkeit, in sich selber zu ruhen; des vergrabenen Gewissens und der ausgelöschten Träume. Und so wird die Aufabe der Kirche dringlich: Gedächtnis des Leidens und des Traums vom Gelingen.

Mir werden vor der Gefahr der Traumlosigkeit die Weisen der Aneignung der Lebensbilder in der Kirche immer wichtiger. Wichtig wird mir die Predigt, wichtig werden mir die Andachten, wichtig werden mir die Psalmen und die Bibel, wichtig wird mir die Meditation – nicht als weltlose Selbstversenkung, sondern als Form der langsamen und langfristigen Aneignung von Lebensbildern. Das Problem der alten Vergewisserungsformen, der Predigt etwa, war, daß die großen Bilder kontextfrei blieben und nicht auf die gegenwärtige Lebenswirklichkeit bezogen wurden. Die Bilder blieben groß wie nie eingewechselte Tausendmarkscheine, und damit blieben sie leer und aussagearm. Es gibt ein neues Problem und einen neuen Trend, den ich für ähnlich gefährlich halte. Es ist die Auflösung der Totalität der christlich-jüdischen Tradition in leichtmünzige Sagbarkeiten. Ich möch-

20

te das erklären an einer Predigt über Jakobs Kampf mit dem Engel, die ich vor kurzem gehört habe. Die Pfarrerin hat den Text mit den großen archaischen Bildern vorgelesen, die ihre Größe gerade in ihrer Rätselhaftigkeit haben: der geheimnisvolle Fremde, der Feind; Verwundender, Versprechender und Segnender zugleich. Nun backt die Pfarrerin kleine, mundgerechte Predigtbrötchen. Die Predigt verlegt die Szene am Jabok an den Frühstückstisch eines muffelnden Ehepaars. Er sitzt da und liest in der Zeitung. Sie versucht eine Aussprache. Er grunzt gelegentlich. Sie wird ärgerlich und erklärt in einer längeren Rede, wie ihre Beziehung nur durch Auseinandersetzung, Beredung und Aufarbeitung gelingen könne; wie man sich nicht durch Schweigen und Ausweichen schützen dürfe, sondern sich verwundbar machen müsse, wie Jakob sich vor dem Engel verwundbar gemacht hat. Erst daraus entstände der Segen, wie in jener Geschichte von Jakob und seinem nächtlichen Kampf. Der geheimnisvolle Text war plötzlich »bis zum Gähnen deutlich« (Herder).

Was ist mein Problem mit dieser Predigt? Die Pfarrerin sagte nichts Falsches. Sie sagte vielmehr ein Allerwelts-Richtiges von der Kanzel. Wer wollte ihr widersprechen? Sie sagte unter leichter Benutzung des Textes, was Menschen sich sagen können, sofern sie auch nur ein Stück Klugheit und Lebensbeobachtung haben. Die Wahrheit der Rede entstand nicht ernsthaft im Gespräch und in der Auseinandersetzung mit dem Text. Das eigene Süppchen ist schon lange gekocht und wird am Text höchstens noch einmal leicht angewärmt. Die Auseinandersetzung mit dieser Tradition überrascht und befremdet nicht, sondern verkleidet höchstens das immer schon Gewußte. Menschen bekommen zwar Lebensratschläge für bestimmte Situationen, werden aber im Horizont des eigenen Verstandes gelassen. Das Ganze war ausgelassen, wenn man so will: Gott.

Ich möchte nicht falsch verstanden werden. Das gewöhnliche Leben der Menschen in unserer Gesellschaft ist nicht mehr selbstverständlich, und ich sage nichts gegen Predigten und Arbeiten der Kirche, die das gewöhnliche Leben und den Alltag unterstützen. Die Frage ist nur, ob es nicht ein durchgehender Zug in den Predigten, in den Morgenandachten, im Religionsunterricht ist, den Namen Gottes auszulassen, den fremden, den widersprüchlichen, den rettenden. Wo bleiben die unbeweisbaren und unentbehrlichen Geschichten von der endgültigen Bergung des Lebens? Die Rettung ins sagbare Detail ist keine Lösung.

Das Evangelium ist fremd, weil die Behauptung, daß die Lahmen springen, die Stimmlosen sprechen und die Toten leben werden, nicht von dieser Welt ist. Diese Fremde müssen wir retten. Ich ärgere mich über die Willkür und über den theologischen Narzißmus, in dem die alten Texte der christlich-jüdischen Tradition nicht mehr ernsthaft ins Gespräch gezogen werden, sondern nur noch beiläufiges und beliebiges Material zur Ausschmückung irgendwelcher Gängigkeiten sind. Ich beklage die Willkür, in der wir uns immer schon als Oberlehrer dieser Tradition aufspielen; immer schon wissen, was sie falsch gemacht hat, was ihr fehlt und was sie eigentlich sagen sollte. Ich stehe nicht unter dem Diktat der Texte, aber die Texte auch nicht unter meinem Diktat. Ich bin nicht frei, mir die Geschichten und die Bilder dieser Tradition so einzumanschen, daß sie eingehen wie Butter. Ich bin nicht frei, mir Gott zurechtzuschaben, bis er so ein kleines, nettes, gemütliches, flauschiges, antiautoritäres Kerlchen ist wie ich selber. Ich zitiere einige Sätze aus der nachdenklichen Selbstbeschreibung einer jungen Frau, die sich eine Zeitlang in der neuen religiösen Flauschszene herumgetrieben hat und nun ernüchtert schreibt (von sich selber in der dritten Person): »Spielerisch soll sie sich dem neuen Gott nähern, so erfährt sie andernorts. Der Gott, dem sie hier begegnet, ist einer, der sich ›anfassen‹ läßt, der mit ihr auf dem graumelierten Teppichboden nach dem verlorenen Schaf sucht; der sich auf einen Stuhl stellen und später von dort herunterholen läßt. Kann es sein, so fragt sie sich manchmal, daß Gott an diesen Orten, die Orte der Befreiung sein wollen, eingesperrter lebt als an den alten Orten, die sie verlassen hat?«

Kann es sein, daß wir in unseren eigenen Kirchen mitarbeiten an der Aushöhlung und Banalisierung der lebensrettenden Träume? Wir sollen mehr sein als nur eine Stimme im großen Gelächter der Gegenwart. Wir sind verantwortlich für Vision und Gewissen. Es sind genug andere da, die die Leute unterhalten.

Die Sprache der Kirche für eine sprachlose Welt

Ein bekannter Interviewer befragt eine bekannte Politikerin. Im Laufe des Gesprächs beschließt die Politikerin eine Passage mit den Worten: »Der Mensch lebt nicht vom Brot allein, wie schon Goethe sagt.« Der Journalist verbessert sie: »Der Spruch stammt von Brecht, nicht von Goethe.«

Die alte Sprache der Tradition ist fremd geworden. Das zeigt nicht nur dieses Beispiel. Die Inhalte der zentralen Feste sind fast unbekannt. An Weihnachten zum Beispiel kann man deutlich sehen, wie ein Inhalt zur Atmosphäre geworden ist. Viele, die das Fest feiern, verbinden mit ihm kaum noch bestimmte Inhalte. Es ist Stimmung geworden. Man sieht es daran, daß sich die genauen Weihnachtsbräuche in ungenaue atmosphärische Elemente aufgelöst haben. Ist das die Zerstörung eines alten Gedankens? Ist es nur Zerstörung? Kann sich ein Stück der Botschaft in der »Atmosphäre« halten? Hält sich vielleicht wenigstens die Sehnsucht nach einer Botschaft in der puren Stimmung? Halten sich alte Fragen, und was geschieht mit ihnen, wenn sie zur Atmosphäre werden? Ich frage mich, ob die Menschen in anderen Zeiten frömmer waren. Die Subjekte waren früher wohl nicht religiöser als heute, aber die Welten waren religiös. Man konnte früher religiöser Gestik, Symbolik und Rhythmik nicht entfliehen. Religion war überall. Die Menschen haben vermutlich nicht mehr geglaubt und gehofft als heute, und sie waren schon gar nicht moralischer oder besser. Aber sie haben mehr Religion gesehen. Sie war unausweichlich. Selbst wenn man nicht glaubte, waren die meisten darüber verständigt, daß Religion wichtig sei und ihre Sichtbarkeit wünschenswert – wofür auch immer. Diese Welt ist zusammengebrochen, und Religion verschwindet mehr und mehr. Ich meine dies im ganz äußerlichen Sinn: das Glockengeläut und die Feiertage werden weniger, religiöse Zeiteinteilungen verschwinden, Reli-

23

gion und Öffentlichkeit entkoppeln sich mehr und mehr. Die symbolischen Welten verblassen. Das ist zunächst Befreiung. Religiosität ist nun nicht mehr vorhanden, weil die allgemeine Erwartung sie herbeizwingt. Wir haben die Wahl, religiös zu sein oder nicht. Und so wird der Glaube eine Sache des Gewissens und der eigenen Entscheidung. Religiosität wird aber auch schwieriger, weil das Äußere mir nicht mehr zur Innerlichkeit verhilft; weil keine liturgische Welt mehr da ist, die mir den Glauben nahelegt. Der Mensch erfindet sich nicht nur in seinem Inneren. Er liest auch an der äußeren Welt ab, wer er als innerer sein soll. Was wichtig ist, ist schwer zu ermitteln, wenn einem dabei nicht von einer symbolischen Landschaft geholfen wird, in der der Gemeinsinn sich inszeniert hat.

Wie nun gehen wir als Kirche um mit den Undeutlichkeiten, mit denen wir umgeben sind, vielleicht auch mit unserer eigenen Undeutlichkeit? Welche Erwartungen haben wir an die, die sich noch irgendwie in der Nähe der Kirche herumtreiben, aber nicht mehr zu ihr gehören wollen?

Ich war befreundet mit einem Erziehungswissenschaftler, der – so könnte man sagen – vergessen hatte, aus der Kirche auszutreten. Er sagte mir bei jeder Gelegenheit, daß das Christentum ihm fremd sei. Vielleicht sagte er es ein paarmal zu oft, als daß ich ihm ganz glauben konnte. Wenn er einem religiösen Entwurf nahe sei, so dem Buddhismus – sagte er. Ich hatte Grund, dies zu glauben, und ich hatte Grund, es nicht zu glauben. Als seine erste Frau starb, wollte er, daß ich sie beerdigte; denn sie hätte dies sicher gewünscht – so sagte er. Er nannte sich in einem Papier, das er für mein religionsdidaktisches Seminar gemacht hatte, einen »nicht mehr glaubenden Menschen, der das Glaubensbekenntnis seit seinem 18. Lebensjahr nicht mehr gesprochen hat«. Aber er plädierte für den Religionsunterricht. Er kannte jüdisch-christliche Traditionen, und er hatte ein horrendes Kirchenbild. Er wurde krank und starb früh, und seine zweite Frau, die nicht in der Kirche ist, wollte, daß ich ihn beerdigte. Denn er hätte das gewollt, sagte sie. Ich habe ihn beerdigt. – Welche Widersprüchlichkeit, und welche andere Form der Sehnsucht, als wir sie gewohnt sind! Aber wer will ihm seine Art der

Sehnsucht und des Glaubens absprechen! Er hat sich von den Eindeutigkeiten verabschiedet und sich nicht ohne Schmerz im Widerspruch eingerichtet. Er gehörte nicht dazu, aber er lieh sich beim Christentum und beim Judentum Sprache aus, als seine erste Frau starb.

Widersprüchlich war auch die Trauergemeinde bei seiner Beerdigung. Ich vermute, daß die Hälfte der Kollegen nicht mehr in der Kirche war. Aber alle hatten das Bedürfnis, in einer solchen Situation mehr zu sagen, als man sagen kann. So kramten sie in der alten Tradition und suchten sich, was sie brauchten – für kurze Zeit. Bei der Beerdigung habe ich die Situation zu formulieren versucht: »Ein Mensch, den wir verehrt und geliebt haben, hat sein Leben beendet. Wir wünschen ihm in diesem Gottesdienst, wofür wir selber nicht stehen können. Wir versprechen ihm den Namen Gottes. Wer weiß schon, was er sagt, wenn er diesen Namen nennt! Aber wie könnten angesichts des Todes unsere Wünsche für den Freund bescheiden sein und sich darauf beschränken, was man sagen kann. Wir müssen diese Sprache nicht verantworten – keiner von uns. Mehr sagen, als man sagen kann, das heißt hoffen. So bitte ich Sie alle, für den Freund die Masken der Hoffnung anzulegen und – vielleicht mit fremder Stimme – die Lieder zu singen, den Psalm zu sprechen und das Vaterunser zu beten.«

Nach der Beerdigung hat ein Kollege einen schönen Satz gesagt: »Ich danke Ihnen dafür, daß ich eine Stunde Gast in Ihrer Sprache sein durfte.«

Ich denke an ein anderes Beispiel: Eine Frau, sie ist Sekretärin, bat mich, ihr Enkelkind zu taufen. Sie ist in der Kirche, aber dies hat keinerlei Bedeutung. Sie geht nie zur Kirche, weiß nichts von der Kirche, reibt sich nicht an der Kirche. Trotzdem bittet sie mich, das Enkelkind zu taufen. Die Widersprüchlichkeit war geringer als im ersten Beispiel. Die Frau war schon verabschiedet von den Traditionen. Ihr Inhalt bedeutete ihr nichts, wohl aber das Ritual, die Taufe. War ihr Wunsch schwächer und beiläufiger nur deswegen, weil sie ein Ritual wollte? Ist es vielleicht so, daß wir als Theologen und als bürgerliche Intellektuelle die Ausgesprochenheit und Formuliertheit der Sachverhalte schätzen und daß wir den Mundwinkel verziehen, wenn jemand nur eine Geste, ein Ritual von uns will? Kann es sein, daß jene Frau, die weniger sprachfähig als der Kollege war, genau die gleiche Sehnsucht hatte, nur daß sie ein Gestenhaus wollte, jener aber ein Sprachhaus? In beiden Fällen jedenfalls ist es der Wunsch, nicht stumm zu bleiben, wenn einen das Leben berührt – im Glück oder im Unglück.

Ich wünsche mir eine Kirche, die deutlich ist und die undeutliche Gäste duldet. Wir sind nicht die Herren der Sehnsucht von anderen. Wo steht, daß es nicht auch die Ganzheit im Fragment geben kann; auf Zeit und in den Andeutungen, die die Menschen der beiden Beispiele versuchen? Die Mehrzahl der Menschen, die die Kirche mit ihrer Sprache und mit ihren Bildern erreicht, gehören entweder nur noch zufällig oder gar nicht mehr zu ihr. In der Gemeinde, der ich mich zurechne, gehen vermutlich 40 Personen sonntags in den Gottesdienst. Ebenso viele mögen über der Woche in den verschiedenen Gruppen auftauchen – meistens sind es dieselben. Aber wieviel Hundert hören die Morgenandacht, das Wort zum Sonntag, sind bei Beerdigungen und Trauungen, obwohl sie sonst in der Gemeinde nicht zu sehen sind?

Mehr, als man erwartet, und ernsthafter, als man erwartet, werden kirchliche Sendungen von Menschen gehört, die selber kaum wissen, ob sie glauben. Ich versuche den Ernst und den halben Hunger zu verstehen, mit dem unkirchliche oder randkirchliche Menschen eine Morgenandacht hören. Sie tun es mit Augenzwinkern – hörend und nicht dazugehörig. Sie haben eine leise Erwartung, es könnte ja ein Stück Brot dabei sein, von dem sich leben läßt in brotlosen Zeiten. Es mag sein, daß sie solche Sendungen nicht einschalten, aber sie schalten nicht ab. Auch das ist eine Form der Erwartung. Sie hören ein ernstes Wort beiläufig. Sie fahren dabei Auto, schälen Kartoffeln oder ordnen Papiere. Sie schätzen die Unverbindlichkeit jener Situation. Sie müssen sich nicht bekennen. Sie können mit schwachem Glauben und mit geteilter Aufmerksamkeit bleiben. Sie hören, was ein anderer sagt, sie sehen den Sprecher nicht, und sie müssen nicht fromm sein. Sie müssen nicht mit ihm übereinstimmen. Ohne Mühe und ohne schlechtes Gewissen können sie den Sprecher jederzeit mundtot machen. Die Situation hat etwas Spielerisch-Schamhaftes. Sie ist nicht ohne Ernst, und sie läßt Distanz. Das Nebenbei zwingt sie nicht dazuzugehören, und es bleibt doch der Ernst der Sache. Vielleicht schützt die Beiläufigkeit den Ernst sogar.

Mit der alten Sprache sind die Theologen nicht für diese Situation gerüstet. Entweder tun die Pfarrer und Pfarrerinnen, als hätten sie eine Kerngemeinde vor sich, die immer schon untereinander verständigt ist. Sie gebrauchen Gewißheitskürzel, die vielleicht in der Kirche möglich sind, nicht aber im säkularen Raum. Oder aber sie verschweigen die Auseinandersetzung mit der eigenen Tradition und begnügen sich mit einer »Ein-Lächeln-am-Morgen-rettet-den-Tag«-Weisheit. Eine Homiletik für öffentliche Räume müßte darauf bestehen, daß das Gespräch mit der jüdisch-christlichen Tradition erkennbar geführt wird. Selbstverundeutlichung ist keine Lösung. Wir schulden einer säkularen Öffentlichkeit die Fremdheit unserer Geschichten. Zum anderen müßten wir wissen, daß alle theologischen Sätze, die Bilder und die Geschichten der Tradition, sofern sie gut sind, einen menschheitlichen Gehalt haben. Sie gelten also nicht nur in einem religiösen Binnenraum. Ich muß als Theologe auch einem Nicht-Christen verstehbar machen können, welche Schönheit und welche Freiheitsmomente Begriffe wie Kreuz, Gnade, Vergebung und Schuld haben. Ich muß zeigen können, daß diese Nüsse eßbare Kerne haben.

Ich wünsche mir eine Kirche, die ihre Türen weit geöffnet hat. Es soll jeder eintreten können. Es soll jeder so lange bleiben können, sich die Geschichten und die Lieder ausleihen können, wie er will. Ich wünsche eine Kirche, die Menschen aufnehmen kann und Menschen gehen lassen kann; eine Kirche, die es erträgt, gebraucht und abgewiesen zu werden.

Die Grundgeste des Glaubens –
Der Segen

Eine der Stellen aus der Gegenwartsliteratur, die ich am meisten liebe, sind einige Sätze aus Christa Wolfs *Kassandra,* in denen die Seherin den Eroberern Trojas weissagt: »Wenn ihr aufhören könnt zu siegen, wird diese eure Stadt bestehen.« Im Gespräch mit dem Wagenlenker fügt sie hinzu: »Ich weiß von keinem Sieger, der es konnte.« Mit einer letzten Spur von Hoffnung fährt Kassandra fort: »Ich glaube, daß wir unsere Natur nicht kennen. Daß ich nicht alles weiß. So mag es in der Zukunft Menschen geben, die ihren Sieg in Leben umzuwandeln wissen.«[1]

Ich möchte unter diesem Zitat eine dem Segen feindliche Haltung beschreiben, die in der westlichen Welt eine unbefragte Selbstverständlichkeit geworden ist. Man kann sie in einem Satz sagen: Man kann in dieser Welt nur als Überwinder leben. Glück hat man nur, wenn man seines Glückes Schmied ist. Eine andere Lebensmöglichkeit als die eroberte, die erkämpfte, als die den anderen oder der Natur abgerungene gibt es nicht. Die Welt, die Natur, die Tiere sind in einem enormen Maß Gemächte der Menschen geworden. Das übrige Leben ist nicht mehr Mitkreatur, sondern bewältigte und in Dienst genommene Kreatur. In den modernen Medizintechnologien, in der Gentechnologie ist der Mensch schließlich weithin sein eigener Hersteller geworden. Zugleich gebiert diese Art von Täterschaft das eigene Unglück. Es verkümmert die pathische Begabung des Menschen: seine Fähigkeit, das Leben anzunehmen; sich Grenzen zuzugeben, das Leben auch im Fragment und in seiner Gebrochenheit als sinnvoll zu betrachten. Wer nur gelernt hat, im Aktionsmodus zu leben; wer sich selber nur als Macher gerechtfertigt sieht, kann nicht mit Situationen fertig werden, in denen er nichts mehr machen kann und in denen er an seine Grenze stößt. Kann der Macher machtlos sein? Kann es glückende Niederlagen geben? Kann er seine Humanität in den Niederlagen behalten, wenn sich sein Sinn in der Aktivität und in der Herstellung des Lebens erschöpft? Kann er krank sein, und kann er sterben? Oder sind Krankheit und Tod nur noch die Orte dramatischer Sinnlosigkeit, an die man am besten nicht denkt; die man übersieht und die man verleugnet? Was aber sollen die Macher von der Grundlehre der jüdischen und christlichen Tradition halten, die uns sagt: Du stehst nicht unter dem Zwang der Selbstherstellung. Du bist nicht gezwungen, dein eigener Vater und deine eigene Mutter zu sein. Du birgst dich nicht in deiner eigenen Hand. Denn du bist geborgen, und du bist gerufen, ehe du dir einen Namen gemacht hast. Können diese Menschen glauben, daß sie sich nicht sich selber verdanken? Und können sie einen Gestus annehmen, der diesen Grund des Christentums zur Sprache bringt, den Segen? Der Segen ist der Ort höchster Passivität. Es ist der tiefste Ort des Nicht-Ich und des Ich. Es ist der Ort, an dem wir werden, weil wir angesehen werden; es leuchtet ein anderes Antlitz über uns als das eigene; es ist ein anderer Friede da als der mit Waffen erkämpfte und eroberte. Der Ausgang und der Eingang sind nicht von den eigenen Truppen bewacht, sie sind von Gott behütet. Welche Erwachsenheit, wieviel Aggressionslosigkeit und wieviel Mut gehören dazu, nicht auf sich selber zu bestehen und auf alle Panzer und Instrumente des Selbstschutzes zu verzichten; zu verzichten sogar auf die eigene Frömmigkeit und auf jede Selbstberufung!

Der Verzicht auf mich selber beim Segen hat eine liturgische Konsequenz: Ich will eine Segensformel und einen Segensgestus, die mir meine Passivität lassen. Ich möchte mich fallen lassen in die Bilder. Ich möchte mich einschmiegen in die wiegende Bewegung der Formel. Ich möchte also nicht gespannt und aufmerksam sein, ich möchte nicht denken, nicht an dieser Stelle. Ich brauche einen Gestus und ein Wort, das ich kenne; das sich schon oft wiederholt hat, mit dem ich meine Erfahrung habe und das mir nicht die Mühe der Bewußtheit abverlangt. Ich brauche einen pathischen Raum; also einen Raum, in dem ich empfangen, annehmen und versinken kann. Ich will also keinen originellen Segen, keinen theologisch ausgefeilten, keinen ästhetisch ziselierten. Es fällt uns im Augenblick und in dieser Zeit schwer, nicht originell zu sein. Es gibt eine kapitalistische Anthropologie, die uns auch beim Beten verbietet, anders zu sein als einzigartig. Im Segen aber will ich gerade nicht Ich sein, ich will gerade nicht authentisch und originell sein. In diesen Zeiten, in denen der Wechsel die Rechtfertigung in sich selber zu tragen scheint, wechselt auch die Gestalt des Segens sehr oft. Der Markt ist voll von neuen Segensformeln. Ich habe theologisch nichts gegen sie, aber ich will sie nicht. Sie fordern mir zu viel Aufmerksamkeit und Kritik ab. Es genügt, wenn ich bei der Predigt aufmerksam und kritisch bin. Ich will nicht auch noch beim Segen kontrollieren, was gesagt wird. Der Segen ist die Stelle, an der ich das Recht habe, von mir abzusehen, von mir wegzusehen, auch von meiner Bewußtheit und von meiner Kritik. Bewußtheit und Kontrolle zerstören auch ein Stück Poesie. Ich zitiere einen Segen von Carter Heyward:

Lebt bei Gott!
Lebt durch Schwestern
und Brüder
nehmt eure Betten und wandelt!

Ja, lauft, ja, fliegt
ja, schaut hinunter
und zurück

ihr werdet euch nicht
in Salzsäulen verwandeln

das war eine Lüge

ihr werdet die Welt sehen
ihr werdet die Menschen erkennen
ihr werdet euch an euch selbst
als Prophetinnen und Propheten erinnern

und ihr werdet zornig sein
und ihr werdet zärtlich sein
und ihr werdet berühren
und es wird euch wohl ergehen

30

Dieser Segen hat seine inhaltliche und poetische Schönheit. Natürlich spricht theologisch nichts gegen ihn. Aber auf Dauer will ich keinen Segen, der so gedankenreich und eher eine kleine Ansprache ist. Als Segen ist er mir zu absichtsvoll und inhaltsreich. Ich will keinen lernzielorientierten Segen, in dem der Pfarrer mit seinen Gedanken ein letztes Mal zuschlägt.

Ich mache einen Exkurs über die Worthaftigkeit evangelischer Gottesdienstmacher (man könnte ihn überschreiben: sine fine dicentes): Je weniger die Agende als Diktat über den Gottesdiensten steht, um so klerikaler werden diese. Agendenbefreit ist der Pfarrer, die Gemeinde ist aber normalerweise der gestalterischen Phantasie oder Phantasielosigkeit des Pfarrers ausgeliefert. Und so realisiert er seinen solo-verbo-Glauben durch ein endloses Gerede. Er begrüßt die Gemeinde, er sagt uns, daß schönes Wetter ist oder schlechtes, er hat die Gebete formuliert, er leitet Epistel oder Evangelium ein, er predigt, er spricht die Fürbitten, und sollte die Gemeinde dann noch Lebenszeichen geben, so trifft sie in einem letzten Keulenschlag der selbstformulierte oder ausgesuchte Segen. Ich finde in diesem Redezwang viel Verzweiflung. Der Pfarrer verhält sich wie ein Lehrer, der merkt, daß er die Aufmerksamkeit seiner Klasse immer mehr verliert: er redet. Er redet in unaufhörlichem Zwang. Er versucht alles Statuarische, Geprägte und jede Form und Formel durch die Rede zu ersetzen oder zumindest zu begründen. Es gibt kaum noch Interpunktationen in seiner Rede. Und der Gottesdienst wird zu einem Text, der gleichmütig unlesbar fließt. Was muß ich *nicht* sagen – das ist eine Grundfrage, die sich Theologen für ihre Gottesdienste zu stellen haben. Unmittelbarkeit und Nähe beabsichtigen jene Redner, aber es ist fraglich, ob sie wirklich durch Reden hergestellt werden. Man braucht die Form. Es genügt nicht, leidenschaftlich zu fühlen. Auch Nähe und Unmittelbarkeit gibt es nicht ohne die Form.

Ich brauche die Form auch als Segnender. Die Form sagt mir, daß ich nicht Garant des Segens bin. Ein Beispiel: 1960 war ich zum ersten Male in Israel. Damals in diesem Land zu sein, war noch nicht selbstverständlich. Ich freundete mich

mit einem Israeli, einem Mann meines Alters, an, der in
Auschwitz gewesen war. Es war eine der raschen, intensiven
Freundschaften, in denen die Partner nicht nur sie selber wa-
ren, sie standen auch für ihre Herkunft. Jener neue Freund
mußte nach Deutschland, und es ergab sich, daß wir die
Reise zurück nach Düsseldorf gemeinsam machten. Kurz
vor der Landung zog der Freund sein Notizbuch aus der Ta-
sche, riß ein Blatt heraus, schrieb etwas darauf und steckte es
mir zu. »Gott behüte Dich!« hatte er darauf geschrieben.
Dieser Zettel liegt heute noch bei mir auf dem Schreibtisch.
Dieser Mensch hat von sich behauptet, er sei Atheist.
Der israelische Freund hat seine Wünsche nicht stumm gelassen. Er hat ihnen im Segen eine Gestalt gegeben. Für diesen Gestus bedient er sich einer Sprache, die nicht seine eigene ist, er hat sie ausgeliehen aus einer Tradition, von der er
sagt, daß er mit ihr gebrochen habe. Er selber erklärt sich als
Atheist, und er schreibt: Gott behüte dich! Er steht nicht
hinter dieser Sprache, und sie ist nicht gedeckt und verantwortet durch seinen eigenen religiösen Glauben. Er macht
sich also widersprüchlich, denn er spricht sie trotzdem.
Eine Gegengeschichte: Während des Golfkriegs haben Studierende aus dem Fachbereich Theologie der Universität
Hamburg regelmäßig eine Andacht in St. Jacobi gehalten. In
ihrer eigenen und in der alten Sprache haben sie ihren Zorn,
ihre Klage und ihre Wünsche ausgedrückt. Sie erklärten aber,
sie könnten am Ende der Andacht den Segen nicht sprechen.
Hinter der Fülle dieses Wortes und dieser Geste könnten sie
nicht stehen. Die Situation habe ihre Hoffnung und ihre
Sprache beschädigt, und es sei besser und redlicher, in unge-
segneten Zeiten keinen Segen zu geben. Sie wollten mit
ihrem Glauben und ihrem Herzen verantworten, was sie
tun, und ihr Glaube war gestört. Sie wollten mit sich selber
auch in ihren Zweifeln in Übereinstimmung bleiben.
Der israelische Freund macht es anders. Er ist Atheist und als
solcher nicht in Übereinstimmung mit den Worten, die er
spricht, und er spricht sie. Wie vielleicht keine andere ist der
Segen eine Form des Glaubens und der Hoffnung, in der
zwei Menschen von sich selber absehen, der Segnende und
der Gesegnete. Der Gesegnete erlaubt sich den Sturz in das

Versprechen der Geste und des Wortes. Er fragt nicht nach seinen eigenen Verdiensten und Voraussetzungen für den Segen. Einmal will er nicht zweifeln; einmal will er nicht fragen, wo das Versprechen seinen Ort der Erfüllung hat. Wenigstens an dieser Stelle will er nicht bestehen auf den eigenen Widersprüchen, auf der eigenen Halbheit; auf dem Leben, das durch sich selber nicht gerechtfertigt ist. Einmal will er die Fülle nicht erringen, wie Jakob sie dem Fremden abgerungen hat. Das ist nicht leicht, weil es schwer ist, sich trösten zu lassen. Es ist schwer, und es bedarf vermutlich einer Menge Niederlagen, ein Unverdientes und etwas, was durch mich selber nicht gerechtfertigt ist, anzunehmen. Darum ist der Segen die dichteste und die dramatischste Stelle der christlich-jüdischen Glaubensäußerung. Dort nämlich wird inszeniert, was Gnade ist: nicht erringen müssen, wovon man wirklich lebt; sich nicht bannen lassen durch die eigenen Zweifel und durch die Zersplitterung des eigenen Lebens. Ich muß nicht nur ich selber sein. Ich stürze mich in den Abgrund des Schoßes Gottes, und ich weiß nicht, was ich tue.

Ebenso sieht der Segnende von sich ab, so wie der Freund die Möglichkeiten seiner eigenen Sprache überstiegen und von sich abgesehen hat, als er die Sprache sprach, die ihm nicht gehörte; als er die Sprache sprach, von der er sagte, daß er nicht an sie glaubte, und an die er doch glaubte, indem er sie sprach. Der Freund steht nicht für das Versprechen, das er gibt. Er spielt ein Spiel, dessen Regeln und dessen Ausgang er nicht garantiert. Das ist die Demut der Segnenden: sie spenden etwas, was sie nicht haben, und ihre eigene Blöße hält sie nicht ab, aufs Ganze zu gehen und Gott als Versprechen zu geben, selbst wenn sie an ihm zweifeln. Sie sind schlechte Buchhalter. Sie bilanzieren nicht, und sie geben nicht nur, was sie haben. Sie beschränken sich nicht auf eine unpoetische Redlichkeit, die nur sagt, was sie verantworten kann; gibt, was sie hat; verspricht, was sie halten kann. Fallen läßt sich also nicht nur der Gesegnete, fallen läßt sich auch der Segnende in die Sprache und in die Geste, die größer sind als sein Herz. Segnen und Gesegnetwerden ist das große Spiel der Freiheit von allen Selbstherstellungszwängen, von allen Zwängen der Selbstrechtfertigung.

Der Segen nennt Gott. Wer Gott nennt, braucht nicht selber Gott zu sein. Wer an den Grund des Lebens glaubt, braucht den Grund des Lebens nicht zu fabrizieren. Er muß nicht Autor der Welt und ihrer Zusammenhänge sein, und er muß nicht Macher des Lebens sein. Das entwichtigt uns nicht, und es dispensiert uns nicht davon, das Leben zu wärmen und ihm zu sich selber zu verhelfen. Aber wir sind nicht die Garanten des Lebens, und wir tragen es nicht auf den eigenen Schultern. Wir müssen nicht immer stark, gesund, unfehlbar und unanfechtbar sein. Wir können schwach, berührbar und gebrochen sein. Wir können sterben, ohne daß die Welt zusammenbricht. Ich vermute, daß dieser Glaube die Voraussetzung unserer Berufe ist, weil es die eigentliche Voraussetzung für Gewaltlosigkeit ist. Wir können für etwas stehen, und wir müsen niemanden zwingen, an unserem Wesen und an unseren Lebensentwürfen zu genesen.

Ich brauche die Formel, habe ich gesagt, weil sie mich als Segnender und als Gesegneter daran erinnert, daß ich selber nicht die Voraussetzung dieser Handlung bin. Vielleicht gelang auch dem israelischen Freund der Segen, weil er eine Formel benutzte. Diese Formel haben viele vor ihm gesprochen, vielleicht sein Vater, als die Nazis ihn von ihm trennten; vielleicht jener Rabbi in seiner Familie, der in einem russischen Pogrom ermordet wurde. In den Segensgesten, in der Handauflegung, im Kreuzzeichen ist die Zärtlichkeit aller gesammelt, die sie vor uns benutzt haben. Die vor uns und die mit uns tragen unsere Wünsche und unseren Glauben. Selbst wenn unser Glaube als Segnende und zu Segnende schwach ist, so können wir ihn doch spielen in den Masken der Formeln, die uns die Toten hinterlassen haben und die uns unsere lebenden Geschwister geben. Jede Formel sagt mir: Du bist nicht allein, du fängst nicht an, du mußt dich nicht mit dir selbst begnügen, nicht mit der eigenen Sprache und nicht mit dem eigenen Glauben.

Ein anderer Vorteil der Formel ist ihre Keuschheit. In ihr ist mehr verschwiegen als ausgesagt. Der Freund, der den alten Satz spricht, weiß nicht so genau, was er sagt. Sie schützt ihn und mich vor der Blankheit und der unpoetischen Elaboriertheit der Sprache. Die Formel ist mehr Musik als entwickelter Gedanke, mehr Verschlüsselung als Aussage. Aber sie ist nicht inhaltsleer und richtungslos. Wir beide wissen ja, was sie verschlüsselt: unsere Freundschaft. Wir beide wissen ja, was sie erhofft: ein Lebensgelingen, das mehr ist als die Summe unserer eigenen Kräfte. Ich wende mich damit gegen die Pest der gedanklichen Elaboration der Gesten und der Formeln. »Wenn ich dir jetzt die Hand auflege, dann bedeutet das, daß ich dir Glück wünsche für deinen Weg; daß du gut ankommen und zurückkommen sollst ...« Die Erklärung vertreibt die Poesie aus der Geste, das Geheimnis und das Schweigen, das zumindest an der Stelle des Segens kostbarer ist als alle Beredung. Vielleicht ist auch das ein bürgerlich-protestantisches Erbe, zu meinen, es sei die Qualität einer Sache in ihrer Ausgeredetheit und ihrer Bewußtheit gewonnen; als sei das Leben nur in der Desymbolisierung gerettet. Das Halbdunkel der Formel ist ein Schutz für die Menschen und ihre Beziehungen. Hätte der Freund seinen Satz »Gott behüte dich!« elaboriert, so wäre es für ihn und für mich wahrscheinlich peinlich und unerträglich gewesen. Jeder Glaube, der Bestand haben will, braucht die Formel. Er muß den Schritt tun von der inneren zur äußeren Religiosität.

In meinem grundsätzlichen Verständnis von Segen war ich bisher sozusagen neutestamentlich-protestantisch, so katholisch ich im Preis der Formel war. Ich habe ihn von der Gnade und der Rechtfertigung her verstanden als die Rettungstat Gottes in Christus. Claus Westermann unterscheidet zwischen jener Rettung im Christusgeschehen und dem eher im Schöpfungsgedanken wurzelnden Segen als »wachsen und mehren lassen«, wie es uns besonders im Alten Testament begegnet.[2] Solche Segnungen sind im Protestantismus nicht gefragt. Sie stehen eher unter Magieverdacht. Wirft man etwa einen Blick auf die agendarischen Bestimmungen für die evangelische und katholische Trauung, so wird ersichtlich: Die evangelische Dramaturgie sieht eher eine Art Fahneneid vor, bei dem dann auch der Segen genannt und später in der trinitarischen Formel gegeben wird. Im katholischen Formular spielt der Segen eine andere und drastischere Rolle. Einige Sätze aus dem Segen unmittelbar nach der Trauung zeigen dies:

Seid gesegnet in euren Kindern, und die Liebe, die ihr ihnen erweist, sollen sie euch hundertfältig vergelten.
Wahre Freunde mögen euch in Freude und Leid zur Seite stehen.
Wer in Not ist, finde bei euch Trost und Hilfe, und der Segen, der den Barmherzigen verheißen ist, komme reich über euer Haus.
Gesegnet sei eure Arbeit, und ihre Frucht bleibe euch erhalten.
Der Herr führe euch zu hohen Jahren und schenke euch die Ernte des Lebens ...

Protestantische Segnung heißt, Menschen in die rettende Rechtfertigung in Christus geben. Katholisch-jüdischer Segen ist der Zuspruch des gelingenden Lebens in seiner ganzen Materialität. Alles, was wichtig ist für das irdische Leben, hat seine Broche, hat seine Signatio. Das Leben wird lebbar, indem die Wünsche bezeichnet werden. Die Wünsche der Menschen werden langfristig, indem sie bezeichnet werden. So wird das Brot gesegnet, ehe man es anschneidet, der Wein wird am Johannistag gesegnet, wo er lebenswichtig ist; das Vieh im Stall wird unter Anrufung des heiligen Wendelin gesegnet; das Wasser, das Licht, das Öl, das neue Haus, die Früchte, das Wetter. Die Anfänge und die Beendigungen werden bezeichnet, die Höhen und die Tiefen, die Kreuzwege, die Schwellen (als Stellen besonderer Gefährdungen). Der Segen bedeutet Bannung des Übels und Herbeirufung des Heils. Die Kraft des eigentlichen Katholizismus (um nicht abwertend Volkskatholizismus zu sagen) liegt eben darin, daß die einfachen Dinge des Lebens ihr Wort und ihre Geste haben. Der Wunsch nach Leben wird inszeniert in den Segnungen. Er wird nicht nur genannt, er wird getanzt. Menschen werden nicht hauptsächlich durch Lehren überzeugt; sie werden nicht hauptsächlich durch Sprache eingebunden. Inszenierungen beheimaten, Inszenierungen binden, Inszenierungen überzeugen. Dies sind ebenso wahre wie zweideutige Sätze. Nicht nur der Geist sucht sich seine Inszenierungen; auch der Ungeist stellt sich als einleuchtend dar, indem er sich aufführt.

Darum kann die Verweigerung der Inszenierung der Alltäglichkeit, die Verweigerung des Segens eine der Grundaufgaben der Kirche sein. Wir werden als Theologen einmal danach gefragt, wo wir den Segen verweigert haben, wo er hingehörte. Wir werden auch gefragt, wo wir ihn bedenken- und gewissenlos gespendet haben. Ich denke dabei nicht nur an die Obszönität der Waffensegnungen, der Segnung der ersten Atombombe. Ich denke an alltäglichere Dinge, an denen die Zweideutigkeit sich mit unserem Segen schönschminken will. Ich denke, zum Beispiel an die Einweihung des neuen Flughafens in München.

Die evangelische Kirchengemeinde von Neufahrn lehnte in einem offenen Brief die Teilnahme an der Segenshandlung zur Eröffnung des Großflughafens ab. Sie schrieb: Angesichts eines Flughafens, der in seiner Überdimensionierung dem »menschlichen Leben hier und in fernen Ländern schadet«, könne man sich eine Teilnahme der Kirche nicht vorstellen.[3] Sie kann sich dabei übrigens auf die »Arbeitshilfe für Weihe- und Segnungshandlungen« der Arbeitsgemeinschaft christlicher Kirchen in Bayern berufen. Diese warnt bei Segenshandlungen vor »problematischen Grenzfällen« wie zum Beispiel Flughäfen, da man »damit in der Öffentlichkeit etwas sanktionieren würde, dem vom Evangelium her eigentlich widersprochen werden müßte«. Die Kirchen müßten in aller Deutlichkeit vor die Frage gestellt werden: Können sie es vor Gott verantworten, ein Unternehmen abzusegnen, das einen nicht unerheblichen Beitrag zum globalen Ökozid leisten wird?

Der katholische Erzbischof hatte von vornherein die Zusage gegeben, die Weihehandlung zu vollziehen. Der evangelische Landesbischof hatte bis dahin geschwiegen, dann plötzlich auf der Synode in Kulmbach erklärt, es sei seine verfassungsgemäße Aufgabe als Bischof, bei der Eröffnung des Flughafens anwesend zu sein und den Segen zu sprechen. Außerdem sei es »geistlich ungerecht und theologisch unverantwortlich«, wenn man den vom Flughafen Betroffenen Segen und Fürbitte verweigern wollte. Und nun theologisch spitzfindig: Den Segen am Flughafen zu sprechen, sage nicht, »daß er gut sei, aber er sagt ihm Gutes zu«. Der Bischof erinnerte dann noch an die Agende der bayerischen Landeskirche, wonach »dem Bischof in der Ausrichtung seines Amtes in Ehrerbietung und Treue beizustehen« sei.

Staat und Gesellschaft hungern danach, die Kirche bei solchen Anlässen dabeizuhaben, weil die Macht den Schein des Rechts braucht. Peter Gauweiler hat denn auch schon gedroht, die Kirche solle sich nicht wundern, wenn sie zu nichts mehr eingeladen würde.

Keine Zweideutigkeit und keine Macht kann sich auf Dauer halten, wenn sie sich nicht den Anschein des Rechts zulegt. Die Macht dürstet nach Segen und Legitimation, auch nach dem Segen der Kirche, der schon in ihrem Schweigen oder in ihrer puren Anwesenheit bestehen kann. Nur selten erscheint die Korruption blank und unmaskiert. Sie macht sich einleuchtend und verschafft sich ihre eigene Logik, nicht nur vor der Öffentlichkeit, sondern auch vor sich selber. Wir brauchen hier das protestantische Charisma der Bilderskepsis; der Zurückhaltung und des Mißtrauens gegen gebaute Welten; der Zurückhaltung gegen die Augenschönheiten. Die geringere Segensfähigkeit des Protestantismus; seine Zurückhaltung, jeden Alltag zu heiligen und alles, was den Segen begehrt, zu segnen, stammt aus einer großen Kraft. Der Glaube spricht allen Inszenierungen, allen religiösen Aufführungen, allen religiösen Mitteln, allen bestehenden Ordnungen die Wesensnotwendigkeit ab. Er ist damit bilderskeptisch, er zersetzt Welten. Das ist seine große Begabung, die natürlich wie jedes Charisma seine spezifische Unfähigkeit hat, in unserem Fall die geringere Fähigkeit zur Form, zur Aufführung, zur Geste.

Abschließend möchte ich über magische Vorstellungen sprechen, die mit dem Segen verbunden sein können. Solche Vorstellungen finden wir in alten Segens- oder Fluchberichten. Eine magisch-materialistische Auffassung bietet zum Beispiel die Erzählung vom Isaaksegen. Er wird durch Berührung und durch Aussprechen bestimmter Worte vermittelt. Es ist die Lebenskraft des Vaters, die der Alte wie sein Geld vererbt. Einmal gegeben, ist der Segen unwiderruflich. Jakob hat ihn, wie man eine Beute hat. Die Kraft, die der Segnende abgegeben hat, steht ihm selber nicht mehr zur

Verfügung. Segen und Fluch sind materiell ansteckend wie eine Krankheit. Segens- und Fluchworte sind in sich mächtig. Die Segensformel muß in formalistischer Akribie erteilt werden, sonst ist sie nicht wirksam oder bringt Verderben. »Ein unterlassener Amenruf beim Segen wird von Gott in der jüdischen Legende mit dem Martertod bestraft.«[4] Das Fluchwort wirkt: »Schilt jemand ein Weib Hexe oder Hure, so muß sie sich der Strafe für Hexerei oder Hurerei unterziehen, wenn sie nicht einen hat, der ›Rache‹ für sie nimmt. Es ist also gar nicht wichtig, ob sie schuldig ist oder nicht. Das Wort macht sie schuldig und nur eine andere Machtentfaltung kann sie wieder rein machen.«

Ich habe nun schon einige Male bestimmte Auffassungen und Vorstellungen vom Segen und von religiöser Sprache unpoetisch genannt. Ich habe von unpoetischer Redlichkeit gesprochen, von unpoetischer Bewußtheit, von unpoetischer Desymbolisierung. Ich glaube, daß die religiöse Sprache wie die Sprache der Liebe ein Spezialfall der Poesie ist. Religiöse Sprache ist formal nach den Regeln der Poesie zu beurteilen, religiöse Geste mit den Regeln poetischer Dramatisierung. (Wir könnten für die Gestaltung unserer Gottesdienste viel lernen, wenn wir die Theatertheorie von Peter Brook studierten.) Wer poetisch redet, der beabsichtigt nicht, und er verzichtet auf die Frage der Wirkung seiner Rede und seiner Geste. Sie sind »sunder warumbe«. Magisches Denken dagegen beabsichtigt und berechnet: Wie kriege ich den Segen, wie und wo wirkt er? Übrigens ist nicht nur die Magie berechnend. Auch die pure Aufgeklärtheit kann die unpoetische und kaufmännische Frage nach der Wirkung stellen und den Segen ablehnen, weil seine Wirkung nicht ersichtlich ist oder nicht geglaubt wird.

Vor der Magie habe ich, da ich nicht mit protestantischer Muttermilch aufgewachsen bin, wenig Angst. Auf jeden Fall enthält sie mehr Wahrheit als die pure Aufgeklärtheit und die reine Gestenlosigkeit und Stummheit. Außerdem sollten wir Theologen Geduld mit der Sprache der Menschen haben. Ihre Sprache und ihre Gesten sind so gut und so schlecht, wie die Lebensumstände gut oder schlecht sind, auch die religiöse Sprache. Wo Menschen verängstigt leben, wo ihre Lebensumstände rigide, eng und karg sind, da wird auch ihre religiöse Gebärde rigide und eng. Karge Zeiten sind ritualistische Zeiten. Ich bin nicht dafür, daß wir mit den Knüppeln unserer theologischen Aufklärung die Menschen aus ihren engen Häusern treiben und sie auf der Straße lassen. Die Geknechteten haben nicht nur wenig Geld, sie haben auch eine geknechtete Sprache. Also Erbarmen mit dem Volk!

Kein Erbarmen aber mit der religiösen Verwaltung! Die kirchliche Verwaltung war immer schon äußerst interessiert an der Festlegung und Säuberung der religiösen Sprache und der religiösen Gebärde. Zeiten mit hohen Machtinteressen sind auch immer Zeiten von Sprach- und Gestendiktaten. Das Subjekt hatte zu verschwinden und ein Allgemeines zu werden unter der für alle diktierten Sprache und Gebärde. Darum ist die protestantische Skepsis gegen die Gesten ein unaufgebbares Charisma. Aufklärung und religiöse Intensität ist ikonoklastisch, ist bilder- und gestenstürmerisch. Ich vermute, daß wir die Kühle des Protestantismus brauchen gegen die neue überbordende Bilderlust, Bauchfreudigkeit, Ritualsehnsüchte, Mythenfreudigkeit und Symbolversessenheit; gegen die neue Argumenten- und Rationalitätsfeindlichkeit.

Man kann derzeit nicht über Segen sprechen, ohne über die öffentliche Segnung von Homosexuellen zu sprechen. Ich will dies in wenigen Sätzen tun.

Wir glauben an die Gnade. Wir glauben an die Geborgenheit des Lebens in der Auferstehung Christi. Dieser Glaube hat eine anarchistische Folge: er ist die Bezweiflung aller Mächte und Gewalten, aller Einrichtungen, Gewohnheiten, Gesetze, Naturhaftigkeiten, Personen oder Lehren, die sich als lebensrettend ausgeben oder aufspielen. Es ist ein Grund gelegt, und mehr Grund brauchen wir nicht. Der Glaube an die Güte des Lebens hat eine zersetzende Kraft. Er zersetzt alle Mächte, und er vertreibt alle Geister, die diese Güte ersetzen oder ergänzen wollen. Er zerstört die falschen Lebensversprechungen und den Zwang, mit dem sie sich auferlegen wollen. Zu diesen Mächten und Gewalten rechne ich die Heterosexualitätszwänge. Zwang rettet nichts! Wir haben ein Versprechen, und wir brauchen keinen Zwang – außer der Grenze, die uns Gerechtigkeit und Liebe auferlegen.

Ich wünsche mir von unseren religiösen Gebärden, daß sie ein Spiel um ein Thema sind. Daß sie Spiel sind: daß sie also nicht nur leblose Verhängtheiten sind; daß Menschen ihnen gegenüber frei und demütig zugleich sind; daß sie sie übernehmen und verändern können; daß sie in ihnen zu Hause sind und daß sie nicht nur zu Hause sind; daß sie ihnen gegenüber von Wiederholungszwängen und von Neuheits- und Jeweiligkeitszwängen frei sind; wie im Spiel der Liebe und der Poesie. Ich wünsche mir, daß die Gebärden ein Thema haben. Die Gesten haben ihre Leidenschaften nicht nur durch sich selber. Der Segen hat sein Feuer dadurch, daß er die Dramatisierung großer Wünsche, großer Leiden und großer Hoffnungen ist. Der Segen ist mit Lebenssituationen verbunden: mit Tod, Geburt, Heirat, Schuld, Krankheit – und immer wieder mit Begrüßung und Abschied. Die Begrüßung und Abschiedsformeln sind oft Segensformeln: Shalom, Selem, Heil, Salud, Adios, Adieu, Tschüs. Das themenlose Interesse an der Geste ist mir in seiner alten und in seiner neuen Form fragwürdig. Ob wir die Sprache und die Gebärde der Sehnsucht wiedergewinnen, das hängt auch davon ab, ob wir große Sehnsüchte haben; es hängt davon ab, woran wir leiden, was wir wünschen und welchen Zorn wir haben.

Anmerkungen

[1] Chr. Wolf: Kassandra, Neuwied ²1983, S. 132.
[2] C. Westermann: Der Segen in der Bibel und im Handeln der Kirche, München 1968, S. 66–98.
[3] N. Ellinger: Flughafen München II: Segen oder nicht Segen?, in: Junge Kirche 53 (1992), Heft 4, S. 230–232.
[4] G. van der Leeuw: Phänomenologie der Religionen, Tübingen 1956, S. 465.

Das Leben in die Sprache retten – Beten

Ich gestehe, daß ich nicht gerne über das Beten rede. »Wenn ihr betet, sollt ihr nicht plappern!« rät Jesus einmal seinen Freunden. Es gibt nicht nur jenes Gebetsgeplappere; auch das Sprechen über das Gebet kann die Leichtfertigkeit und Glattzüngigkeit haben, vor der Jesus warnt. Noch aus einem anderen Grund zögere ich bei der Rede über das Gebet: Man kann es schwer rechtfertigen und erklären, weil es so unnütz ist. Daß ich arbeite, kann ich erklären; denn Arbeit hat ein nützliches Produkt. Gebet aber hat kein Produkt. Es ist zwecklos, so wie ein Gedicht, das ich spreche, und die Lieder, die wir singen, zwecklos sind. Sie wollen gesungen werden, sie wollen gehört werden – mehr nicht.
»Die Ros ist ohn Warum, sie blühet, weil sie blühet,
Sie acht nicht ihrer selbst, fragt nicht, ob man sie siehet.«
Der Zweizeiler von Angelus Silesius könnte über das Gebet gesprochen sein. Das Spiel und die Schönheit können sich nicht rechtfertigen. Sie sind, weil sie sind, und jede Zweckfrage verdirbt sie. Zwecklos und unerläßlich ist das Gebet. Darum will ich auch nicht fragen, warum ein Mensch betet, sondern überlegen, was einer tut, wenn er betet.
Zunächst glaubt dieser Beter. Er glaubt, daß der Grund der Welt nicht eisige Stummheit ist. Der Kern allen Lebens ist Wort, ist Anrede, Zuspruch, Trost. Gott spricht, und er ist ansprechbar. Er ist kein stummer Gigant; kein leidenschaftsloser Verfüger, der in unbedürftigem Selbstgenügen in sich selber ruht. Der Grund der Welt ist eine Mitteilung und ein Gespräch. »Im Anfang war das Wort« beginnt das Johannesevangelium. Nicht eisiges Schweigen also war im Anfang, sondern dieses unruhige Wort, das sich selber nicht genug war, sondern suchte, daß es einer hört; daß einer ins Gespräch mit ihm eintritt. Dieser Gott wollte von Anfang an getröstet werden, indem ihn einer erhört. »Erhören« ist ein Wort aus der Gebetssprache: die Bitten des Beters werden erfüllt, er wird erhört. »Erhören« ist auch ein Wort aus der

Sprache der Liebe: die Geliebte erhört den Liebenden, der um sie wirbt. Gott ist der erste Beter. Er ist Wort von Anfang an, und er bettelt darum, nicht allein gelassen zu werden. Er bettelt um Zuneigung und Trost. Wer betet, weiß dies vielleicht nicht in einem ausdrücklichen Wissen. Aber indem er betet, inszeniert er die Wahrheit, daß das Geheimnis der Welt Sprache und Gehör ist. Wer betet, interpretiert die Welt in ihrem Grunde als gut, selbst wenn er Gott das ganze Unglück, das ihn trifft und das er um sich sieht, ins Gesicht schleudert.

Der Mensch kann beten – dies ist vielleicht die höchste Aussage über ihn. Der Mensch ist vom Wort angesprochen und damit befähigt, selber zu reden vor dem Grund seines Lebens. Er ist kein stummer Diener. Er kann mit seinem Urgrund verhandeln; er kann mit ihm reden, »wie ein Mann mit seinem Freunde redet« (2 Mos 33,11); er kann ihn preisen und er kann auf ihn fluchen. Nirgends gibt es so wenig Sprachverbot wie ihm Gebet. Die Freiheit, die uns als Angeredete gegeben ist, erlaubt uns jede Sprache, auch die des Zweifels.

Ich möchte einen Augenblick auf die Sprache achten, die der Beter spricht. In einer gewissen Grobheit unterscheide ich zwei Arten von Sprache. Die eine Sprache enthält hauptsächlich eine Information, die andere enthält hauptsächlich den Sprechenden selber. Wenn ich auf dem Bahnhof die Auskunft bekomme: »Der Zug von Hamburg nach München fährt um 13.45 Uhr«, dann ist dies eine Sprache der ersten Art. Sie enthält eine Information; sie ist deutlich; man kann nachweisen, daß der Inhalt falsch oder richtig ist; sie ist für alle verstehbar, die wissen, was ein Zug ist, und die ein Zeitgefühl haben; der Sprecher in dieser Sprache ist nicht wichtig, wichtig ist die Information; er ist sogar so unwichtig, daß er durch eine Sprachmaschine, durch ein Tonband etwa, ersetzt werden kann. Es ist eine leidenschaftsfreie Sprache, und besondere Emotionen der Sprecher könnten diese Sprache nur stören.

Eine ganz andere Sprache ist die der Liebe, der Poesie und des Gebets. Ich nehme als Beispiel die Verse 9 bis 11 aus dem 91. Psalm: »Der Herr ist deine Zuversicht, der Höchste ist deine Zuflucht. Es wird dir kein Übel begegnen, und keine Plage wird sich deinem Hause nahen. Denn er hat seinen Engeln befohlen, daß sie dich behüten auf allen deinen Wegen.« Wer diesen Psalm betet, bietet keine Information an wie im Beispiel der Zugauskunft. Er teilt sich selber mit und spricht sich selber aus in seinem Glauben an das Entrinnen aus der Not und an das Gelingen des Lebens. Diese Sprache liest also nicht am Leben ab, was zu sagen ist, wie der Bahnbeamte am Fahrplan abliest, wann der Zug fährt. Die Kraft und das Feuer dieses Liedes vom guten Ausgang der Dinge entsteht gerade dort, wo die Übel und die Plagen auf dem Wege liegen und wo die Engel, die die Wege behüten sollen, nirgends zu sehen sind. Diese Sprache ist nicht universal, denn sie wird von verschiedenen Leuten verschieden verstanden. Der, mit dem das Leben es gutmeint, wird die Psalmsätze eher glatt sprechen. Wer alle Engel und die Zukunft Gottes vermißt, wird sie vielleicht voller Zweifel sprechen, vielleicht mit letzter Hoffnung vor dem Verstummen, vielleicht gegen alles, was er wahrnimmt, aber er wird sie nicht glatt sprechen. Diese Sprache verträgt die Wiederholung, und man kann diese Psalmverse immer wieder sprechen. Der Bahnbeamte würde uns langweilen, wenn er seine Information siebenmal wiederholte. Der Satz »Gott, du bist die Hoffnung deines Volkes!« oder der Satz »Ich liebe dich!« verdirbt nicht durch die Wiederholung. Er braucht sie sogar, und eine Geliebte wäre töricht, wenn sie auf das »Ich liebe dich!« antwortete: »Ich weiß, du hast es mir letzte Woche schon gesagt.« Diese Sprache ist kein Mittel, etwas zu erreichen. Sie ist ihr eigenes Ziel. Das Gebet ist nicht Mittel, etwas von Gott zu erreichen, und es rechtfertigt sich nicht von der unmittelbaren Erhörung einer Bitte her. Wer betet, ist immer schon erhört, ob eine Bitte erfüllt wird oder nicht.

Damit ist übrigens nichts gegen das Bittgebet gesagt. Beten heißt, sich mitteilen und das eigene Leben zur Sprache bringen. Zu uns aber gehören unsere Wünsche, unsere Erwartungen, unsere Leiden und die Hoffnung, davon befreit zu werden. Es gibt keinen Grund dafür, daß irgendeine Erwartung ungenannt bleiben sollte und irgendeine Bitte ungesagt. Aber das Beten ist mehr als eine Technik, mittels derer ich

Gott dazu bringe, mir einen Wunsch zu erfüllen. Beten ist die Selbstauslieferung des Menschen an diesen geheimnisvollen Gott der Gnade.

Welche Worte gebrauche ich da: »Selbstauslieferung« und »Gnade«? Sind es nicht Worte aus der Sklavensprache? Ein Gefangener wird ausgeliefert, und ein König begnadigt einen Übeltäter! Und legt der Gedanke des Gebetes nicht schon nahe, das Verhältnis zwischen Gott und Mensch als ein Herrschaftsverhältnis zu denken? Er, jener überlegene und unangefochtene Alleswisser und Alleskönner, und wir als die immer schon Verlorenen, die ihr Lebensspiel verspielt haben, ehe sie angefangen haben? Vielleicht hat das Gebet unter einem solchen Gottesverständnis gelitten. Es war oft zu sehr Herrscherehrung, eine Art Höflingssprache, in der die Eigenheiten Gottes immer gegen die Menschen gewandt wurden: Seine Größe machte uns klein; seine Allwissenheit offenbarte unsere Unwissenheit; seine Macht zeigte unsere Machtlosigkeit. In einer solchen Auffassung kann es nur das hymnische Preisgebet geben. Aber beten ist dann nicht mehr sprechen, »wie ein Mensch zu seinem Freunde spricht«. Vielleicht hat man, um solchen Herrschaftsvorstellungen zu entgehen, bei der Definition des Gebetes in jüngster Zeit Gott aus dem Spiel gelassen. Man hat es als Selbstgespräch beschrieben, als einen Akt psychischer Selbstreinigung.

Ich versuche meinen Satz noch einmal: Beten ist die Selbstauslieferung des Menschen an den geheimnisvollen Gott der Gnade. Das Wort »Auslieferung« drückt Abhängigkeit aus. Es drückt aus, daß man sich selber nicht genug ist. Kann man sich eine Abhängigkeit vorstellen, die nicht Unterlegenheit unter Herrschaft bedeutet? Wenn ich einen Menschen liebe, erfahre ich einmal in seiner Liebe, daß ich wichtig und daß ich schön bin. Daß ich schön bin, kann ich mir nicht selbst sagen. Ich lese mich in den Augen des anderen als schön und begehrenswert. Aber ich spüre in der Liebe auch etwas anderes, fast das Gegenteil von dieser Schönheitserfahrung. Ich erfahre, wie ungenügend ich in mir selber bin. Alle Autarkie und jede Selbstgenügsamkeit schwindet in der Liebe. Ich fange an, so zu sprechen: »Ich brauche dich, ich kann ohne dich nicht leben, ohne dich ist meine Zeit verloren.« Dies ist eine Abhängigkeit, die nicht von herrschaftlicher Überlegenheit her gedacht ist. Sie erhöht meine Freiheit und beschneidet sie nicht. Sich im Gebet ausliefern an die Gnade Gottes, ist also kein Akt schmachvoller Unterwürfigkeit, sondern ein Akt der Liebe, die weiß, daß sie nicht in sich selber geborgen ist; die weiß, daß keiner sich in der eigenen Hand wärmen und daß keiner sein eigener Lebensmeister sein muß.

Vielleicht ist das Gebet die höchste Form von Passivität. In unserem gegenwärtigen Sprachgebrauch ist Aktivität gut und Passivität schlecht. Eine Aktivität aber, die die Kunst der Passivität nicht kennt, wird bedenkenlos, ziellos und erbarmungslos. Passivität ist die Fähigkeit, sich selber aus der Hand zu geben. Es ist das Wissen darum, daß man nicht sein eigener Ursprung ist, sondern daß das Leben die Güte als Ursprung hat. Beten heißt, sich dieser Güte überantworten. Es ist eine Form der Freiheit. Es ist die Befreiung von dem Zwang, sich selbst zu erstellen und sich selber zu beabsichtigen. Die Freiheit vom Zwang, Garant des eigene Lebens zu sein, ist die Quelle der Gewaltlosigkeit. Sich selber festhalten und sich selber bezeugen müssen, enthält hohe Anteile von Aggressivität und Gewalt.

Das Gebet ist die Selbstmitteilung des Menschen an den Grund allen Lebens, an Gott. Diese Selbstmitteilung hat zwei Grundformen: das Einverständnis mit dem Leben und das Nicht-Einverständnis mit dem, was der Mensch sieht und erfährt. Gebete des Einverständnisses sind Lob, Preis und Dank. Das Leben zu loben und Gott am Leben zu loben ist eine der Grundfähigkeiten des Menschen, und sie ist nicht selbstverständlich. Daß der Mensch ein Auge hat, das die Schönheit und das Gelingen des Lebens wahrnimmt, ist nicht selbstverständlich. Lieder und Psalmen fangen manchmal mit einer merkwürdigen Selbstermunterung zum Singen und Loben an: »Lobe den Herrn, meine Seele!« fangen der 103. und der 104. Psalm an. Ein Kirchenlied fängt so an: »Auf, auf, mein Herz, mit Freuden!« Ein anderes: »Du, meine Seele singe!« Es ist, als ob der Mensch zwei Seelen hätte, eine wache und eine matte, eine sehende und eine, die stumpf in sich selber vergraben ist. Die wache redet der matten zu, nicht schwer und lebensträge in sich selber zu kauern: Du meine schwere und lobesungewohnte Schwester, singe! Schwermütig stumm zu sein ist leichter als loben. Dazu gehört keine große Kunst. Seufzen ist leichter. Man braucht dazu ja nur am Leben abzulesen, was einem angetan wird. Das Lob ist nicht so einfach, denn man muß es auch in die Dinge hineinlesen. Es lobt sich nicht von allein. Es kann jemand die Wolken dahinjagen sehen, den Wind spüren und die Fische im Wasser spielen sehen und sie nicht sehen, sich nicht darüber wundern und trübe bleiben. Der Mensch kann so in sich verschlossen sein, daß er Schönheit, Glanz und Lebensgelingen nicht wahrnimmt. Die Welt wird erst sichtbar, wo sie besungen und ins preisende Wort gehoben wird. Man ist es dem Leben schuldig, es zu loben; man ist es Gott schuldig, die Schönheiten des Lebens aufzuspüren und sie zu besingen; seinen Glanz in den Dingen zu sehen – in der Blüte des Mandelzweigs, in jeder Liebe, die gelingt; in jedem Tyrannen, der gestürzt wird. Man ist die Wahrnehmung und das Lob der Schönheit sich selber schuldig. Denn unsere eigene Hoffnung lebt davon, daß sie das Gelingen sammelt und preist. Wo Menschen Gott dafür preisen, daß sie schon einmal aus dem Sklavenhaus entronnen sind; daß sie schon einmal aus dem Meer gerettet wurden und daß sie schon einmal vor dem Verhungern und dem Verdursten in der Wüste bewahrt wurden, da wächst ihr Lebensmut und da geben sie sich nicht so leicht verloren.

Das Nicht-Einverständnis ist die andere große Form des Gebetes. Darunter fasse ich das Bittgebet, das Klagegebet und den Hader mit Gott. Ich vermute, daß nur *der* leidenschaftlich klagen, revoltieren und hadern kann, der auch loben kann. Beide haben ein erotisches Verhältnis zum Leben zur Voraussetzung, und bei beiden ist nicht gleichgültig, was mit dem Leben geschieht. Ein Mensch muß fähig sein, etwas zu vermissen; nicht einverstanden zu sein mit den Zerstörungen des Lebens und mit der Schmach, die ihm angetan wird. Sich vor Gott zur Sprache bringen heißt auch, sich als Bittenden und als Klagenden zur Sprache bringen. Das heißt nicht, Gott vor aller Untersuchung immer schon recht geben und immer schon von seiner Position her denken und reden. Man muß Gott auch sagen, er soll es nicht zu weit treiben, wie ein alter Jude es in Auschwitz getan hat. Man muß ihm auch das »Wie-lange-noch?« der Psalmen entgegenrufen. Man muß Gott auch bedrängen, endlich Gott zu sein, wie es Meister Eckhart sagt. Man muß auch die Fähigkeit haben, nicht einverstanden zu sein mit dem Tod so vieler Menschen bei dem Erdbeben von Agadir, mit dem Hunger und dem erbärmlichen Leben so vieler. Gewiß ist nicht alles die Schuld Gottes. Aber ebenso gewiß ist nicht alles die Schuld der Menschen. Beim Letzten Gericht wird Gott uns ein paar Fragen stellen, aber wir auch ihm. Ein Einverständnis, das vor aller Auseinandersetzung mit Gott da ist, taugt vermutlich nicht viel. Groß dagegen ist das Einverständnis, das durch den Hader und durch den Zweifel hindurchgegangen ist. Vielleicht muß man auch im Beten die Kunst lernen, widersprüchlich zu sein; also fast in einem Atemzug zu loben und zu klagen, Gott die Ehre zu geben und ihn zur Rechenschaft zu ziehen. Diese Kunst allerdings lerne ich mehr aus jüdischen Gebeten als aus christlichen. Dann mag am Ende die große Ergebung in den dunklen Willen Gottes stehen, und es mag jemand Gott gutheißen trotz all der Tode, die gestorben werden – im Leben selbst und an dessen Ende.

Wie lernt man eigentlich beten? Ist die Gabe des Betens nicht den besonderen religiösen Genies vorbehalten? Beten ist keine Kunst, sondern ein Handwerk. Der durchschnittliche Mensch kann es lernen, wie er lesen und schreiben und kochen lernen kann. Es gehört dazu keine besondere angeborene Frömmigkeit. Wohl muß man eine gewisse Aufmerksamkeit für das Leben haben, eine gewisse Leidenschaftlichkeit; die Fähigkeit, zu wünschen; und die Fähigkeit, Dinge unerträglich zu finden. Man kann beten, wenn man weiß, wofür man beten soll.

Dann erfordert das Gebet einige trockene Tugenden: Regelmäßigkeit, Pünktlichkeit, Ausdauer. Ein flammendes Gefühl ist nicht erfordert. Im Gegenteil, es ist einem ja meistens unwohl in der Mitte flammender Beter. Oft fehlt diesen Entflammten die Keuschheit, die Jesus vom Beter verlangt, wenn er ihn in die Kammer schickt und nicht zuläßt, daß er sich auf dem Marktplatz demonstriert. Beten ist ein Stück

Arbeit. Meistens ist das Beten wie das Arbeiten langweilig, und man ist froh, wenn es vorbei ist. Dagegen ist nichts zu sagen. Und doch entflammt das Gebet langsam das Herz. Der Beter lernt das Wünschen, er wächst in die Gabe des Zorns gegen das Unrecht, er verliert seine Gleichgültigkeit. Er lernt den Willen Gottes. In diesem Sinne bildet beten. Bildung aber ist ein langfristiger und eher trockener Vorgang. Ich erinnere mich gerne an eine Geste meiner Mutter aus unserer Kindheit. Wenn wir in die Schule gingen, hat sie uns jedesmal ein Kreuzzeichen auf die Stirn gemacht. Sie tat das ohne jede Ergriffenheit. Es gehörte zum Morgen wie das Butterbrot, das man bekam. Wenn aber eins von uns Kindern krank war oder wenn eins für länger Abschied nahm, dann war meine Mutter eine wirkliche Künstlerin. Sie war ganz in ihrer Geste, mit ihrer Sorge, mit ihrer Liebe, mit ihrer Trauer. Die kleine Gebetsgeste war wie eine Wüstenpflanze, die tot schien und nun aufgewacht war, nachdem sie das Wasser der Trauer und der Sorge bekommen hatte. Dies aber war nur möglich, weil meine Mutter es lange geübt hatte; weil sie die Uneigentlichkeit und die Formelhaftigkeit des Gebets lange ausgehalten hatte. Weil sie es lange mit halbem Herzen getan hatte, konnte sie es in der Stunde des Abschieds mit ganzem Herzen tun. In der langen, trockenen und graubrothaften Gebetsübung ist oft ein Moment der Uneigentlichkeit, der Formelhaftigkeit, das die Wahrheit des Gebets nicht zerstört und das die Situation des Ernstes vorbereitet und erst möglich macht. Man kann sich nicht erst im Ernstfall erfinden; man kann das notwendige Gebet nicht erst dann erfinden, wenn man es braucht, wie der Moment des Ertrinkens ungeeignet dazu ist, schwimmen zu lernen. Es ist ein falscher Begriff von Redlichkeit, für alle Worte und Gesten sich immer das ganze Herz abverlangen zu wollen und diese zu unterlassen, wenn die Ganzheit nicht möglich ist und wenn man nichts von ihr spürt. In keinem Entwurf spiritueller Selbstgestaltung war es erlaubt, das Gebet und die Übung zu unterlassen, nur weil man fühllos war und weil das Herz der Sprache nicht nachkam. Das halbe Gebet von heute sorgt für das ganze von morgen. Es gibt nicht nur das Ideal der erfüllten Redlichkeit und der Übereinstimmung eines Wortes mit dem eigenen Herzen. Es gibt auch die Aufgabe, sich selber zwiespältig zu machen und mit der Sprache über die Öde und den Zweifel vorzugreifen und in das Ganze zu langen, in dem man noch nicht ist. Ich baue mit dem Vorgriff und mit dem Vorspiel an der Ganzheit von morgen.

Es gibt einen mystischen Trost bei allen Schwierigkeiten mit dem Beten, den ich im 8. Kapitel des Römerbriefes finde. Es heißt dort: »Der Geist hilft unserer Schwachheit auf. Wir wissen nicht, was wir beten sollen, wie sich's gebührt. Aber der Geist selbst vertritt uns mit unaussprechlichen Seufzern.« Das heißt: Unsere Sprache ist auch da schon geborgen, wo sie nicht mehr als ein Gestammel ist. Wir müssen nicht für alles stehen, nicht einmal für die Sprache unserer Hoffnung.

Die Zumutung der alten Formel – Das Glaubensbekenntnis

Zu den großen Liturgien der christlichen Kirchen gehört ein Glaubensbekenntnis. Meistens wird das apostolische benutzt; es heißt so, weil man seine Sätze auf die Apostel selber zurückführte. Es ist in einer vielhundertjährigen Geschichte geworden, wie es heute ist. Das alte Christentum kannte viele solcher Bekenntnisse. In der westlichen Kirche hat sich vor allem das apostolische durchgesetzt. Was nun ist ein solches Bekenntnis? Warum wird es gesprochen? Lassen sich Geist und Wahrheit magazinieren in solchen Sätzen? Kann eine Sprache, die vor anderthalb Jahrtausenden formuliert wurde, unsere Sprache und unsere Wahrheit sein? Ich möchte an einem neuen Bekenntnis zeigen, was die Kraft und die Notwendigkeit einer solchen Sprache ist. An fremden und ungewohnten Texten lernt man ja oft mehr als an den eigenen und immer schon vertrauten. Eine christliche Basisgemeinde in Mexiko bekennt ihren Glauben so:

Ich glaube an Gott, den Schöpfer des Lebens, der die Schöpfung aufrechterhält und sie vor der Vernichtung bewahrt.
Der uns die Aufgabe gibt, die Schöpfung zu bearbeiten, zu bewahren und zu bereichern.
Der uns zu einem Leben des Gehorsams ruft, zu seinem Dienst unter den Menschen.
Der uns leitet durch die Widersprüche und Gegensätze dieser Welt.
Der durch seinen Geist die Christen zusammenführt und die Kirche bewahrt.
Der seine Kirche erneuert, damit sie eine exemplarische Gemeinschaft unter den Menschen ist.
Der uns in Jesus Christus den neuen Menschen offenbart, der liebt und für die anderen lebt.
Der die Ungerechtigkeit und auch die Scheinheiligkeit nicht duldet, der uns vor dieser Gefahr bewahren will.
Der uns zurechtweist und richtet in unserer Mittelmäßigkeit.
Der uns Kraft gibt, inmitten widriger und gefährlicher Umstände zu kämpfen.

Der uns im Kampf von jedem Haß befreit.
Der zu allen Zeiten Menschen aufstehen läßt, um gegen die Ungerechtigkeit und die Unterdrückung zu kämpfen.
Der auch uns Tag für Tag erneuert in der Hoffnung auf sein Reich,
das sich heute schon offenbart und das sich in aller Fülle noch offenbaren wird.[1]

Das Bekenntnis, das diese mexikanische Gemeinde im Gottesdienst spricht, unterscheidet sich in einigen Punkten von
dem Glaubensbekenntnis unserer sonntäglichen Gottesdienste. Einmal sind die mythischen Bilder des Textes gering.
Weder Jungfrauengeburt noch Himmelfahrt erscheinen. Damit allerdings ist dieses Bekenntnis im ganzen bildarm. Es
fordert eher zur Handlung als zum Glauben auf, es ist eher
ein ethischer als ein dogmatischer Text. Der Satz vom Schöpfer, »der die Schöpfung aufrechterhält und sie vor der Vernichtung bewahrt«, wird sogleich zum Auftrag, »die Schöpfung zu bearbeiten, zu bewahren und zu bereichern«.
Dieses Bekenntnis wurzelt in einer bestimmten historischen
Situation. Es ist da eine Gruppe von christlichen Bauern, die
um ihr Land kämpft und deren Existenz von Polizei und Militär bedroht ist. In dieser Gefahr versichern sie sich in einem
großen Hymnus ihres Auftrags als Gemeinde: sie bestärken
sich in ihrem Mut, und sie sagen sich, daß ihre Hoffnung
nicht vergebens ist; daß einmal das Reich kommt, in dem
niemand mehr ein ausgebeutetes und gejagtes Wesen ist.
Dieser Text ist Bekenntnis im Sinne des Wortes. Mit ihm ver-
pflichten sie sich und riskieren damit vielleicht ihre Freiheit
und ihr Leben. Es sind also keine kostenlose und keine folgenlos zu sprechenden Sätze. Es enthält also das Moment der
Entscheidung.
Da das Glaubensbekenntnis der mexikanischen Bauern in
einer bestimmten historischen Situation formuliert ist, ist es
sozusagen ein Bekenntnis im Dialekt. Es ist nicht universal,
und es kann nicht überall in gleicher Weise gesprochen werden. Es wäre schamlos, wenn zum Beispiel die unbedrohte
Gemeinde eines reichen Landes sich dieses Bekenntnis an-
eignete und diese riskanten Sätze zu einem unriskanten Text
machte, aus dem die Ethik und die Handlungsverpflichtung
entfernt wäre. Dieser Text hat das, was ein guter christlicher

52

Text immer haben sollte: Freunde und Feinde. Die Freunde
dieser Sätze sind die mexikanischen Bäuerinnen mit ihren
Ängsten; die Bauern, die ihre Familien nicht ernähren können. Die Feinde sind die Großgrundbesitzer, die die Bauern
von ihrem Land jagen; sind Militär und Polizei, die sie dabei
unterstützen. Von einem Glaubensbekenntnis erwarten wir,
daß es eint. Das Bekenntnis in dieser Situation trennt mehr,
als es eint. Es spricht nicht in gleicher Weise alle aus, und es
ist nicht in gleicher Weise für alle da. Es ist so parteiisch, wie
das Evangelium parteiisch ist, weil es mit diesem sagt: Selig
seit ihr Armen und wehe euch, ihr Reichen! Als volkskirch-
licher Text ist es ungeeignet.
Habe ich aber nicht, indem ich das mexikanische Bekenntnis
so beschreibe, das apostolische Glaubensbekenntnis, das wir
sonntäglich in unseren Gottesdiensten beten, entwichtigt
und es für schwach erklärt? Setzt *unser* Bekenntnis eine Gemeinde voraus, die Zeugnis gibt? Schickt es uns in gleicher
Weise in den riskanten Alltag, in dem man umkommen kann,
wenn man lebt, was man glaubt? Hat das apostolische Bekenntnis in gleicher Weise Freunde und Feinde? Oder hat es
weder Freunde noch Feinde? Das apostolische Glaubensbekenntnis hatte einmal alle Momente des Bekenntnisses jener
mexikanischen Gemeinde. Eine Glaubensformel der alten
Kirche hieß Kyrios Christos – der Herr ist Christus. Diese
Formel auszusprechen, war nicht ungefährlich, denn sie war
eine Bestreitung oder zumindest eine Begrenzung der Herr-
schaftlichkeit und der Absolutheit der römischen Kaiser. Die
ersten Christen wurden Atheisten und Ungläubige genannt,
weil sie mit jener Formel den Glauben an die Göttlichkeit
des Kaisers leugnete. Bezeugung des eigenen Glaubens war
auch immer Leugnung der Götzen und Bestreitung ihrer
Rechte. In den alten Formeln hat die Gemeinde Farbe bekannt.
Sie hat sich vor sich selber und vor der Öffentlichkeit sichtbar gemacht. Sie bekam ein Gesicht, indem sie die riskanten
Sätze sprach.
Wie sich der Bekenntnischarakter solcher Formeln verändern kann, zeigt das sogenannte athanasianische Glaubensbekenntnis, das wohl aus dem 6. Jahrhundert stammt und

das auf zänkisch-ultimative Weise die Trinitätslehre und die Christologie formulieren will. Der Anfang jenes Bekenntnisses, das auch heute noch in einigen Kirchen liturgische Bedeutung hat, lautet so:

Wer gerettet werden will, der muß vor allem den katholischen Glauben bewahren. Wer ihn nicht völlig und unverletzt bewahrt, der geht ohne Zweifel für immer verloren.

Das Ende:
Das ist der katholische Glaube. Wer daran nicht treu und fest glaubt, der kann nicht gerettet werden.

Zwischen dieser Anfangs- und der Endformel wird eine ausgeklügelte Lehre von der Dreifaltigkeit und den Naturen Christi entwickelt. Diese Sätze haben keinen Kaiser und keine Gewalten zum Feind, die sich an die Stelle Gottes setzen wollen. Es sind eher innertheologische Schlachtrufe. Es sind eher Formulierungen von oben, mit denen Menschen diszipliniert werden können. Riskant ist das Bekenntnis nicht für die Sprecher, sondern für alle, die sich weigern, diese Sätze nachzusprechen und die die Sätze anders sprechen würden. Die Sprache ist tränenfrei geworden, dafür aber machtbesessen und nur noch interessiert an innertheologischen Richtigkeiten.
Welchen Sinn hat nun das Glaubensbekenntnis, das wir in unseren Gottesdiensten sprechen? Daß wir nicht eine Summe von Richtigkeiten dahersagen wollen, ist selbstverständlich. Ich zögere: ist es wirklich selbstverständlich? Es gibt offensichtlich immer noch das hohe Interesse an einer Art Glaubenssäuberlichkeit; an der Auffassung, die richtige Formulierung sei lebensrettend. Die richtige Formulierung wird in der alten und hergebrachten Formulierung gesehen. Ich möchte zu den Glaubensformulierungen unserer Väter und Mütter einen Satz Luthers zitieren, den ich liebe:

Wie die Zeiten gewachsen sind, so ist auch der Buchstabe und der Geist gewachsen. Was jenen (Alten) damals genügt hat zum Glaubensverständnis, das ist uns jetzt nur noch Buchstabe. Darum müssen wir um den Glaubensverstand beten, damit wir nicht im tötenden Buchstaben erstarren.

Also auch das apostolische Glaubensbekenntnis, das wir geerbt haben, ist zunächst nicht Geist, sondern Buchstabe. Warum sprechen wir es, und auf welche Weise wird es wieder Geist unter uns?

Ich möchte zunächst einen einfachen Satz sagen: Das Glaubensbekenntnis ist so lebendig, wie die Gemeinden lebendig sind, die es sprechen. Haben diese Gemeinden Lebensoptionen und Leidenschaften? Stehen sie für etwas? An wen denken sie, wenn sie beten? Es kann der beten, der weiß, wofür er betet. Es kann nur der bekennen, der weiß, für wen oder gegen wen er Zeugnis ablegt.

Aber es bleibt die Frage: kann man in der Zeit der fragmentierten Lebensentwürfe noch einmal zu systematischen Aussagen über sich selber und seinen Glauben kommen, und was tun wir, wenn wir sagen: ich glaube an den allmächtigen Gott, ich glaube an Jesus Christus, geboren aus der Jungfrau Maria, abgestiegen in das Reich des Todes, am dritten Tage auferstanden, aufgefahren in den Himmel?

Ich möchte eine Szene aus einem Seminar erzählen: Wir hatten ein Gespräch darüber, inwiefern uns Sätze aus dem 16. Jahrhundert, Sätze also aus der Zeit protestantischer Klassik binden könnten. Eine Studentin sagte: »Ich kann ein Glaubensbekenntnis nur sprechen, wenn ich jedes Wort intellektuell vertreten und wenn ich es mit ganzer Wachheit sprechen kann.« Eine katholische Studentin aus den Philippinen ist darüber befremdet und antwortet ihr: »Du kannst dich doch nicht zum einzigen Maßstab dessen machen, was man denken und sagen kann.« Die erste Studentin, bürgerlich, protestantisch und modern, will für sich selber stehen. Mehr an Wahrheit, als in ihr eigenes Herz paßt, will sie nicht und glaubt sie nicht verantworten zu können. Ihre Gefahr ist, daß sie so arm und so reich ist, wie sie eben ist und mehr als ihre eigene Erkenntnis und Glaubenskraft nicht hat. Die Philippina und Katholikin, die aus einer Kultur kommt, in der man sich nicht allein aus sich selber versteht, sondern aus dem Zusammenhang aller, braucht ihre Formulierungen nicht allein zu verantworten. Der Glaube ist zu schwer für einen einzelnen. Für ihn und seine Sprache sind alle zuständig, die Toten und die Lebenden. Sicher gibt es auch hier eine

Gefahr, daß die Wahrheit der einzelnen immer schon vom Zusammenhang aller diktiert ist und daß die eigene Sprache verboten ist. In der Gegenwart der westlichen Welt ist dies aber vermutlich die geringere Gefahr. Die größere Bedrohung ist die Erschöpfung der Menschen in sich selber; ist die Unfähigkeit, sich mit dem Glauben aller zu verbinden und sich im Glauben von den lebenden und toten Geschwistern tragen zu lassen. Sich in den Glauben der Geschwister zu bergen, setzt immer voraus, daß die Traditionen ihre gewaltförmige Art verloren haben und daß die Toten uns nicht mehr auf der Brust sitzen als die Meister unseres Denkens und unseres Verhaltens. Vielleicht wird man erst in dem Augenblick fähig, auf Überlieferungen zu hören und sich von alten Erinnerungen und Sprachen stärken zu lassen, wenn uns erlaubt ist, selber denkende und entscheidende Subjekte zu sein. Dann aber ist es schön, eine Sprache zu sprechen, die man nicht selber erfunden hat. Wenn ich die Sätze spreche: »Ich glaube an Gott, den Vater, den allmächtigen, an Jesus Christus, empfangen durch den Heiligen Geist, auferstanden von den Toten«, dann weiß ich, daß es eine Sprache ist, die viele vor mir gesprochen haben und viele mit mir sprechen; eine Sprache, die besser ist, als sie ist, weil sie gewaschen ist in den Tränen und Hoffnungen meiner Väter und meiner Mütter und meiner Geschwister. Ich bin nicht nur ich, wenn ich sie spreche, und ich brauche nicht an meiner eigenen Glaubensdürftigkeit zu verhungern. Ich spreche eine Fremdsprache, wenn ich jenes Bekenntnis spreche, gewiß! Aber das eben ermöglicht mir, es zu sprechen. Ich brauche es nicht allein zu verantworten.

Ich brauche auch keine falschen Behauptungen aufzustellen oder Bezweiflungen auszusprechen. Ich behaupte nicht, daß die Sätze des Bekenntnisses im historischen Sinne zutreffen; und ich bezweifle nicht, daß sie zutreffen. Ich bin so frei, mich von diesen falschen Fragen zu verabschieden. Sie interessieren mich nicht. Wenn ich zu meiner Frau sage, daß ich sie liebe und daß sie die schönste Frau der Welt sei, dann wird sie nicht auf die Idee kommen, ihre Nase zu messen und zu begutachten, um festzustellen, daß sie wirklich und im wörtlichen Sinn die schönste Frau der Welt sei. Nicht die Bilder einer Sprache sind wörtlich zu nehmen, sondern der Geist, der in diesen Bildern tanzt. Es gibt zwei Störer unseres Glaubens. Einmal sind es die Zionswächter, die Aufklärungsfeinde, die mich in die Wörtlichkeit aller Bilder und Vorstellungen zwingen wollen. Die anderen sind die, die sich in der Selbstaufklärung erschöpfen und behaupten, man dürfe eben nicht mehr sagen, als man sagen und vor seinem eigenen Gewissen verantworten kann; die sagen, es könne heutzutage in den Zeiten der verlorengegangenen Ganzheiten keine Sprache mehr geben, die die Ganzheit der Welt und die Rettung des Lebens behauptet. Je mehr Sehnsucht wir haben, um so aufsässiger werden wir und um so unbescheidener in unseren Wünschen und in unserer Sprache. Ich kann mir nicht vorstellen, daß sich die mexikanischen Bauern, die ich am Anfang zitiert habe, von den postmodernen Oberbuchhaltern ihre Sprache der Ganzheit verbieten lassen.

Im Glaubensbekenntnis finden sich mythische Bilder: hinabgestiegen in das Reich des Todes – aufgefahren in den Himmel! Das Reich des Todes wird unten vermutet, im Dunkel und in der Eingeschlossenheit der Erde. Der Himmel wird oben vermutet, in der Gegend des Lichts und der Sonne. Das mag topographisch nicht zutreffen. Aber kann man das, was das Glaubensbekenntnis sagen will, anders als in Bildern sagen? Wie kann man die Rettung des Lebens anders ausdrücken als in inszenatorischen Bildern? Die argumentative Sprache ist die Sprache der Sagbarkeiten. Die Hoffnungssprache übersteigt die Argumente und rettet sich in die Bilder. Wenn ich eine solche Sprache gebrauche, ist meine Hoffnung gelenkt. Ich spreche nicht ins Blinde, und die Richtung meiner Aussage ist deutlich. Aber zugleich ist im Bild etwas Ungenaues und nicht Festgelegtes. Das Bild sagt nicht besserwisserisch: so ist die Sache ganz genau! Es schickt mich auf einen Weg, dessen Richtung deutlich ist. Das Bild sagt mir, anders als die Sprache, nicht nur genau, was ist; es läßt mich mitfabulieren, mitdeuten und mitspinnen am Garn der Zukunft. Wenn also eine Gemeinde das Glaubensbekenntnis spricht, dann weiß sie, was sie spricht, und zugleich geben ihr die Bilder nicht genau vor, was sie zu denken hat. Die Bilder sind ein Raum, den wir betreten und den wir ausschmücken mit unserer eigenen Hoffnung. Die Studentin, die ich eben zitiert habe, will diese produktive Undeutlichkeit nicht. Sie will genau wissen und intellektuell vertreten, was sie sagt. Sie will in voller intellektueller Wachheit sagen, was sie sagt. Sie will sozusagen wissen, was hinter den Bildern steckt. Aber wer sich darin erschöpft, hinter die Bilder zu kucken, der verliert sie. Er verliert ihre poetische Kraft. Ich werde natürlich auch gegenüber dem Glauben und seiner Sprache Intellekt und rationale Wachheit nicht aufgeben. Aber Bewußtheit und Intellektualität sind Mittel, die nicht für alles helfen; und sie können nicht zu Kontrollinstrumenten jeder menschlichen Äußerung gemacht werden. Eine Sprache, die intellektuell genau kontrolliert und bilderfrei geworden ist, ist keine poetische Sprache mehr und somit nicht mehr eine Sprache des Glaubens.

Es würde wohl kaum jemand das Glaubensbekenntnis für sich allein sprechen; einen Psalm wohl, das Vaterunser wohl. Das Bekenntnis aber ist Ausdruck der Gemeinde. Das Leben findet nirgends hinter dem Rücken der Sprache statt. Im Glaubensbekenntnis wird die Gemeinde zur Gemeinde, indem sie sich sagt, daß sie Gemeinde ist und worin ihre Hoffnungen und Optionen als Gemeinde bestehen. Im Bekenntnis sagt die Gemeinde sich ausdrücklich, wer sie ist. Sie sagt es natürlich auch, wenn sie das Vaterunser betet. Sie sagt es sich, wenn sie Themen verhandelt, die ihr wichtig sind. Sie hat sich selber und die eigenen Absichten im Blick, wenn sie das Bekenntnis spricht. Sie sagt sich, woher sie kommt, und sie sagt sich, wohin sie geht und was ihre Lebensinteressen sind. Weil das Bekenntnis vor allem Sprache der Gemeinde und der Kirche ist, darum passen seine Aussagen dem einzelnen ungefähr so wie ein Paar Schuhe, das für die ganze Familie gemacht ist. Dem einen sind sie zu groß, der anderen zu klein. Dem einen ist zuviel gesagt im Bekenntnis, der anderen zu wenig. Ich bin halbidentisch, wenn ich den Text spreche. Aber identifiziert bin ich mit der Gemeinde, deren Text es ist. Ich bin mit einer Kirche identifiziert, die ihn jeden Sonntag spricht. Je mehr man merkt, daß man sich im eigenen Leben nicht genug ist, desto stärker will man mit mehr identifiziert sein als mit sich selber; desto eher braucht man Kirche.

Vermutlich muß es zwei Formen von Glaubenssprachen und Bekenntnissen geben. Die eine ist die auf die Situation bezogene, nicht ritualisierte, sozusagen eingedeutschte Sprache. Diese Sprache hat ihre Allgemeinheit verloren und ist lebendig geworden, indem sie sich auf einen Ort eingelassen hat, auf eine historische Situation. Die am Anfang genannte mexikanische Gemeinde spricht eine solche Sprache. In der Geschichte des Christentums hat man immer wieder darum gekämpft, daß man den Glauben in seiner Muttersprache sagen durfte. Das ist nicht nur eine Frage der Verständlichkeit gewesen. Man wollte die Geschichten der Befreiung hörbar machen, indem man sie auf die eigenen Kämpfe und Leiden bezog. In den Predigten geschah das eigentlich schon immer. Und manchmal wurde das Evangelium bis zur Unkenntlichkeit eingedeutscht. Es kann keinen Glauben geben, ohne daß er muttersprachlich wird. Darum sind neue Bekenntnisse notwendig. Darum ist es richtig, was die mexikanische Gemeinde tut. Darum ist es richtig, wenn auch in unserem Land zu bestimmten Situationen neue Sprachen gesprochen und neue Bekenntnisse formuliert werden.

Ich möchte aber, daß die neue Sprache und die alte Formel als Geschwister auftreten. Die alte Formel erinnert mich daran, daß wir älter sind als wir selber; daß wir nicht anfangen mit unserer Geschichte. Die alte Formel ist die Hüterin der Wahrheit von allen. Sie erinnert uns daran, daß es mehr gibt und mehr gegeben hat als unsere eigene Gegenwart und unsere eigene Sprache. Das neue Bekenntnis macht die alte Formel lebendig und gibt ihr ihre Jugend zurück. Sie erinnert die alte Formel daran, daß sie den Menschen einmal Zeugnis abgefordert hat. Sie nimmt ihr die senile Allgemeinheit und Inhaltslosigkeit. Die alte Formel richtet die neue Sprache. Sie fragt sie, ob ihre Wünsche richtig sind und weit genug gehen. Sie fragt sie, ob die neue Sprache sich mit der Sprache der Toten verträgt und verbinden kann. Sie bringt ein Fremdes und nie ganz Verstandenes in die Gegenwart. Zeitlosigkeit und Zeit werden Geschwister, wenn die alte Sprache und die neue Sprache nicht gegeneinander ausgespielt werden.

Bisher habe ich das Glaubensbekenntnis hauptsächlich nach seinen Inhalten befragt und beurteilt. Eine Sache ist auch deswegen wichtig, weil sie als wichtig aufgeführt und dargestellt wird. Nicht nur Inhalte sind bedeutend, sondern auch Vollzüge und Inszenierungen (die natürlich nie ohne die Wichtigkeit von Inhalten). Jeden Sonntag ist das Glaubensbekenntnis erwartet. Bei jeder Taufe spricht die Gemeinde das Bekenntnis. Sie ist nicht nur vereint in einem bestimmten Inhalt. Sie ist vereint dadurch, daß sie sich in der Aufführung des gemeinsamen Glaubens vereint erfährt. Die Aufführung gibt eine Kraft, die der Inhalt allein nicht hat – ähnlich der Aufführung eines Shakespeare-Dramas, die nicht durch Lesen des Inhalts ersetzt werden kann. Das sonntägliche Glaubensbekenntnis ist eine Art Theater der Einheit und der gemeinsamen Lebensabsichten. Wir neigen dazu, Aufführungen und Theater als Scheinwelten, wenn nicht gar als Lügenwelten zu betrachten. Theater und Inszenierungen sind eine erste Form der Realisation der Absichten und des Glaubens von Menschen. Eintreffen wird nur, was schon einmal vorgespielt und aufgeführt wurde.

Ich führe mich gerne als Glaubender auf, indem ich das Glaubensbekenntnis spreche. Ich lasse mich gern in jene Formeln fallen, die ich nicht verantworten muß und die nur der Glaube aller verantworten kann. Ich frage nicht, wann endlich sie ihre Wahrheit haben werden. Aber wir singen sie herbei – die Gemeinschaft der Heiligen, die Vergebung der Sünden, die Auferstehung der Toten und das ewige Leben.

Anmerkung

[1] A. Reiser/P. G. Schoenborn (Hg.): Sehnsucht nach dem Fest der freien Menschen. Gebete aus Lateinamerika, Wuppertal 1982, S. 166.

Das Lied vom guten Ausgang – Ewiges Leben

Die Hoffnung erzählt zwei Arten von Geschichten. Die einen fangen an mit: »Es war einmal«, die anderen mit: »Einmal wird es sein«. Die »Es war einmal«-Geschichten sind die Geschichten vom guten Ursprung und Anfang des Lebens. Die Schöpfungsgeschichte ist die Grundgeschichte des guten Anfangs. Sie erzählt davon, wie Gott seiner Einsamkeit müde wurde. Er war müde, sich im eigenen Glanz zu sonnen und sich an der eigenen Schönheit zu erfreuen. Man könnte sagen: Gott wurde erwachsen. Sein Narzißmus genügte ihm nicht. Er fing an bedürftig zu werden und sich zu sehnen. Und das war der Anfang der Welt und des Lebens. In der Schöpfungsgeschichte behaupten Menschen allen Widersprüchen zum Trotz, daß das Leben nicht der Kälte des Zufalls entsprungen ist. Es ist nicht das Werk eines großen, aber kalten Experimentators. Aus Gottes Sehnsucht stammt das Leben aller Wesen. Gottes Liebesbedürftigkeit hat den Menschen eilfertig einen Platz zum Leben eingeräumt. Der Anfang war nicht Kälte, der Anfang war nicht Zufall, der Anfang war Güte – das erzählt man sich in den Schöpfungsgeschichten. Siehe, es war gut! – heißt es nach jedem Schöpfungsakt. Menschen sagen sich darin: Es gab, ehe wir geboren waren, das Urgelingen unseres Lebens. Ehe wir geboren waren, hat Gott das Chaos gebändigt, das uns verschlingen will. Er hat das Wasser in oben und unten geteilt, damit wir atmen können. Er hat das Land getrocknet, damit unser Fuß gehen kann. Welcher Stolz liegt in dieser Erzählung! Welche Selbstschätzung, zu behaupten und zu glauben: vor Urzeiten ist an mich gedacht.

Ich schiebe eine kleine Geschichte unserer Enkeltochter Johanna ein: »Wo war ich, bevor ich geboren war?« fragte sie einmal ihre Großmutter. »Noch nicht auf der Welt!« antwortete diese etwas unbedacht. »Aber wo war ich?« insistierte das Enkelkind ungeduldig und gab sich dann selbst die Antwort: »Ich war in Gott versteckt!« Sie hat sich in die-

ser Antwort selbst den Sinn und den Kern der Schöpfungsgeschichte erzählt: Mein Leben ist nicht sinn- und planlos,
denn mein Anfang war gut. »Wo war ich, als ich noch nicht
geboren war?« mag spielerisch klingen. Aber es ist eine
Grundfrage an das Leben: Wo komme ich her? Wer bin ich?
Was birgt mich?

»Das Leben ist gut« sagt man, indem man behauptet, daß
sein Ursprung gut war. »Das Leben ist gut« sagt man, indem
man behauptet, es werde einen guten Ausgang haben. Das
Glaubensbekenntnis formuliert den guten Ausgang mit dem
Satz: Ich glaube an das ewige Leben! Man kann an diesen
Satz des Glaubensbekenntnisses eine falsche Frage stellen.
Man kann fragen: Ist dies ein richtiger oder ein falscher Satz?
Diese Frage stelle ich nicht. Ich möchte vielmehr den Menschen, der seinen Glauben an das ewige Leben bekennt, fragen, wer er ist; was mit ihm geschieht, wenn er diesen Satz
spricht, und welcher Lebenswunsch ihn treibt, so zu sprechen. Ist er einer, der sich selbst nicht loslassen kann? Ist er
einer, der unter dem Zwang steht, sich endlos weiter zu denken, und ist er unfähig, endlich und begrenzt zu sein? Glaubt
er vielleicht, ein ewiges Leben würde gut machen, was im
zeitlichen Leben zerstört, beleidigt und niedergetreten
wurde? Oder ist er ein Mensch, der unfähig ist, etwas für
verloren zu erklären und jemanden abzuschreiben?

Ich möchte auch den, der den Satz vom ewigen Leben leug-
net, fragen, was ihn treibt. Ist er ein leidenschaftsloser Buchhalter, der unfähig ist, mit der großen, törichten Sprache der
Sehnsucht das ganze Leben für alle einzuklagen? Ist er ein
dickärschiger, zornesunfähiger und klageunfähiger Realist,
der immer weiß, was er spricht, und der gegen jede Über-
treibung der Hoffnung gefeit ist? Vielleicht ist der Leugner
des Satzes vom ewigen Leben aber auch ein anderer. Vielleicht beharrt er auf der Würde der Trostlosigkeit. Vielleicht
hat ihm das Leben die Sprache verschlagen, und er besteht
mit seinem Leugnen darauf, daß mit jeder Schändung des
Lebens etwas Unendliches geschehen ist; daß der Grund des
Lebens selber angetastet und daß Gott selber geschändet
wurde. Vielleicht ist seine Leugnung des ewigen Lebens ein
Teil des Glaubens an das Leben, das gut sein soll und in dem

niemand verlorengehen soll. Wenn der Leugner auf der Würde der Trostlosigkeit besteht, dann braucht der Glaubende diesen dunklen Bruder, wenn er das Lied von der Stadt singt, in der der Tod für immer vernichtet ist, und er sollte den Zweifel dieses Bruders nicht vergessen. Aber es gibt neben der Würde der Trostlosigkeit auch die Würde der unbewiesenen Behauptungen, wie sie etwa beim Propheten Jesaja zu lesen sind: Die Augen der Blinden werden aufgetan und die Ohren der Tauben geöffnet werden. Die Lahmen werden springen wie ein Hirsch, und die Zunge der Stummen wird frohlocken. Denn es werden Wasser in der Wüste hervorbrechen und Ströme im dürren Land. Jesaja ist der Meister der Sehnsucht nach dem ganzen Leben, der Meister der Träume vom guten Ausgang des Lebens, und so singt er: Einmal wird es sein, daß keiner mehr hungert und keiner sich mehr vom Fett des anderen nährt. Die Völker werden auf dem Berge Zion sein, nicht mehr in der dunklen Geduckheit der Täler. Alle werden essen und alle werden trinken, ein fettes Mahl und starken Wein. Die Decke der Trauer und der Blindheit, die über allen liegt, wird weggerissen. Die Völker werden jubeln und klar sehen. Das Geschäft des Todes wird ruiniert sein. Die Schmach wird aufhören, und die Tränen werden abgewischt sein. Der Herr hat es versprochen, sagt der Prophet.

Ewiges Leben ist also nicht einfach die gestreckte Zeit. Es ist die andere Zeit, in der die Weinenden lachen; in der die stumm Gemachten ihr Lied singen und in der das Recht für alle aufgerichtet ist.

Ich möchte das Gesicht einer Frau sichtbar werden lassen, die ohne einen solchen Traum nicht leben kann. Manchmal kann man ja solche Sätze wie den vom ewigen Leben nur schwer für sich selber glauben, aber man kann sie für andere wünschen, bei denen wir sehen, daß sie dieses Versprechen brauchen. Manchmal kann man für andere etwas sagen, was man sich selber nur schwer sagen kann. Ich erzähle die Geschichte der Teresinha aus dem Bergland von Minas in Brasilien. Der holländische Theologe Carlos Mesters hat sie berichtet. Man kann in diese Geschichte hineinhören die Geschichten der bosnischen Frauen; die Geschichte der einsamen alten Frau in Frankfurt, die mit hungrigen Augen vor ihrem Fernseher sitzt, und die Geschichten der Penner an den Bahnhöfen unserer Städte; vielleicht auch unsere eigene Geschichte des Mißlingens.

Das Kind der Teresinha aus Minas war erst wenige Monate alt und schwer krank. Mit ihrem Schwager ging sie zum nächsten Arzt, aber die Behandlung wurde verweigert. Sie gingen den ganzen Nachmittag von Krankenhaus zu Krankenhaus. Anscheinend fehlten die richtigen Papiere, denn überall wurden sie abgewiesen. In der Nacht fuhren sie mit dem Bus zurück. Als der Bus unter einer Laterne hielt, schaute Teresinha wieder nach dem Kind und begriff: es war am Sterben. Die Frau stieß ihren Schwager an. »Sei still, Frau!«, sagte er. »Nimm dich zusammen! Laß keinen etwas merken! Sonst kommt die Polizei, und sie werden uns einsperren.« Sie waren ohne Erlaubnis in der Stadt. Die Angst machte aus den beiden zwei Statuen. Die Mutter hatte nicht mehr den Mut, nach dem Gesicht des Kindes zu schauen. Plötzlich spürte sie, wie ein Zittern durch den Körper des Kleinen lief, ein Röcheln, drei- oder viermal. Und dann die völlige Ruhe in dem eiskalten Körper. Sie wußte: eben war ihr Kind gestorben. Der Busfahrer fuhr wie wahnsinnig. Sie hielt das Kind fest und schaute nach vorn wie all die anderen. So blieb sie sitzen bis zur Endstation, mehr als 20 Minuten.

Fast zwei Jahre behielt Teresinha das Geheimnis des Todes des Kindes für sich. Sie hatte Angst. Schließlich erzählte sie die Geschichte einer Ordensschwester, und die fragte: »Wie können Sie das nur aushalten, so zu leiden?« Teresinha antwortete: »Ich weiß nicht, Schwester. Wir sind arm, wir wissen nichts. Das einzige, was für uns übrigbleibt in dieser Welt, ist leiden. Lassen Sie nur, Schwester!

Eines Tages wird sich das ändern. Gott hilft Leuten wie uns!« Eines Tages wird sich das ändern – sagt die Frau. Der Tod wird für immer vernichtet sein – sagt Jesaja. Ich glaube an das ewige Leben – sagt das Glaubensbekenntnis. Gott hilft Leuten wie uns – sagt die Frau. Er macht der Schmach seines Volkes ein Ende – sagt Jesaja.

Kann man wünschen, daß diese Frau die Sprache verliert, die

ausgreift bis an das Land der abgewischten Tränen? Eines Tages wird sich das ändern, sagt sie. Kann man wünschen, daß ihre Sprache bescheiden werde und sich der Realität anpaßt: So ist das Leben, das Kind ist tot, und unsereins hat mehr nicht zu erwarten? Gott hilft Leuten wie uns, sagt sie. Soll man ihr wirklich wünschen, sie solle sich in edler Resignation mit allem abfinden, was so kommt? Ist diese edle Resignation nicht tief bürgerlich und die Geste derer, denen das Leben nicht allzu Böses antut? Es ist jedenfalls nicht die Sicht der armen und geschundenen Leute. Sie haben noch nicht so viel Grund, so bescheiden zu sein. Die haben noch allen Grund, ihre alten Sätze zu sprechen: Eines Tages wird sich das ändern. Gott hilft Leuten wie uns.

Es ist nicht nur Eigenart religiöser Sprache, ins Ganze zu greifen in den Niederlagen des Lebens. In den Abschiedsbriefen alter Kommunisten, die in der Nazi-Zeit zum Tode verurteilt wurden, kommen immer wieder Formulierungen wie diese vor: »Morgen, wenn ich sterbe, werden nicht die Totenglocken läuten, sondern die Siegesglocken.« Oder sie sagen: »Ich gehe nicht weg von Euch. Ich komme zu Euch!« Sie wissen nicht, was sie sagen, aber sie sagen es.

Ich möchte eine ästhetische Kategorie benutzen: Ich finde es einfach schön, daß Menschen wie die brasilianische Frau sich nicht die Hoffnung verbieten lassen, vielmehr eine neue Erde erwarten, auf der sie nicht mehr beleidigte Geschöpfe sind. Ich finde den dickköpfigen Stolz der Frau schön, in dem sie ein Land erwartet, in dem das »frühere vergangen ist«, wie es in der Johannes-Apokalypse heißt; in dem »der Tod nicht mehr herrschen wird noch Trauer noch Klage noch Mühsal«. Ich verstehe allerdings den Einwand, der gegen diese weitreichende Sprache erhoben wird: die Hoffnung auf jene endgültige Stadt ohne Tränen sei eine Vertröstung, die den Augenblick entwichtigt und die Kraft für die Gegenwart verschleudert. Er ist ernst zu nehmen, und ich zitiere einen Satz aus einem Religionsbuch, der ihn bestätigt: »Am Kreuz hat Jesus gesagt: ›Es ist vollbracht!‹ Nun kann auf der Welt nichts Neues und nichts Aufregendes mehr geschehen. Was immer auch passieren und eintreten mag, entscheidend für die Welt und uns Menschen ist es nicht. Krankheit und

Krieg, Hunger und Not, Glück und Gewinn, Erfolg und Fortschritt können uns treffen. Aber sie können weder die Welt noch die Menschen verändern.«

Es sind schrecklich glaubenssichere Sätze, die erklären, daß die Leiden der Menschen, die Demütigungen, die sie erfahren, ihr Hunger und ihr Tod nicht mehr zählen. Man kann auch mit theologischen Sätzen die Schmerzen der Menschen entwichtigen und dem Zynismus einen Weg bereiten. Der Text spricht eine Sprache, die über die Wirklichkeit hinweggleitet und sich nicht mehr an ihr reibt. Es ist eine zeitlose Sprache, die jederzeit gesprochen werden kann. Eine gute Sprache erkennt man auch daran, daß sie nicht ständig in routinierter Geläufigkeit zuhanden ist und daß sie sich von den grausamen Realitäten des Lebens beirren lassen kann. Die Sprache dieses Religionsbuches kennt kein Zögern, kein Tasten, keine Widersprüchlichkeit. Der Ort der Sprecher macht die Wahrheit der Sätze von der Rettung des Lebens aus. Der Religionsbuchautor sitzt am Schreibtisch und formuliert seine immer wahren und darum immer falschen Sätze. Die brasilianische Frau lebt im Slum, ihr Kind ist gestorben, und sie behauptet trotzig die Rettung des Lebens gegen die Verlorenheit, die sie am eigenen Leib erfährt. Es gibt Wahrheiten, die nur durch Erleiden und in der Tat gewonnen werden können und die auf der Zunge der reinen Zuschauer falsch und gotteslästerlich sind.

Die Sätze vom ewigen Leben und von der Rettung des Menschen könne also leer werden, weil sie am falschen Ort und in kostenloser Routine gesprochen werden. Ich vermute, das ist nicht mehr die Hauptgefahr. Es ist an der Zeit zu überlegen, was die Sprachlosigkeit anrichtet; oder was eine Sprache anrichtet, die das Elend beschreibt, die aber das Lied »Einmal wird es sein« nicht mehr kennt. Wünsche und Hoffnungen sterben, wenn sie sich in eine zu kurze Sprache ducken müssen. Die Sprache der Liebe und die Sprache des Schmerzes nehmen den Mund voll, und wehe, wenn sie bescheiden werden und nur noch sagen, was zu sagen ist. Der Verrat am Leben beginnt mit dem Verrat an der Sprache. Es mag den Zynismus jenes Religionsbuchautoren geben, der die Leiden der Menschen nicht ernst nimmt. Aber es gibt auch den milden Zynismus derer, die melancholisch lächeln über den Glauben der Geschlagenen. Wo ist das Land, fragen sie, in dem die Tränen getrocknet sind und das Recht gesiegt hat? Da sie nicht zu den Geschlagenen gehören und da sie nicht auf ihrer Seite stehen, kommen sie nicht hinaus über ihre Unentschiedenheit und ihren milden Zweifel. Die brasilianische Frau verlangt Gott, weil sie ihn braucht. Es gibt Situationen der Armut, des Leidens, der Krankheit und des erfahrenen Unrechts, die einen einfältig machen. Man wird in ihnen ganz untheologisch, das heißt, man glaubt nicht mehr an den eigenen Glauben, auch nicht mehr an den eigenen Zweifel, sondern an Gott. Man hofft nicht mehr auf die eigene Hoffnung, sondern auf Gott. So wird die Sprache der Armen einfach wie ein Stück Brot: Ich werde nicht zuschanden!

Es gibt aber eine Armut, an der auch der Glaube scheitern kann. In seinem Buch »Der letzte der Gerechten« beschreibt André Schwarz-Bart ein Gespräch zwischen dem jüdischen Bügler Goldfaden und Benjamin, dem Lehrjungen. Goldfaden ist alt und müde vom Leben. Er soll entlassen werden, weil er das Bügeleisen nicht mehr halten kann. Da gesteht er Benjamin, daß er nicht mehr an Gott glaubt.

»Aber schauen Sie, lieber Herr Goldfaden«, sagte er (Benjamin) starr vor Schrecken. »Wenn es Gott nicht gäbe, was wären wir dann, Sie und ich?«
»Arme kleine jüdische Arbeiter, nicht?«
»Das ist alles?«
»Leider«, sagte der alte Bügler.
Auf seinem Strohsack auf dem Fußboden liegend versuchte Benjamin in der folgenden Nacht, sich alle Dinge so vorzustellen, wie Herr Goldfaden sie sah. Eines ergab das andere, und er gelangte zu dem bestürzenden Schluß, daß Zemyock (sein Heimatdorf), gab es Gott nicht, nur ein lächerlich kleines Teilchen des Alls war. Aber, so fragte er sich, wohin geht denn all das Leiden? Und, Herrn Goldfadens verzweifelten Ausdruck vor sich sehend, rief er mit einem Aufschluchzen, das die Dunkelheit der Werkstatt zerriß: »Es geht verloren, oh, mein Gott, es geht verloren!«[1].

Das ist alles! An Gott kann man nicht glauben, und auf das Leben darf man nicht hoffen. Diese Aussagen macht der alte

Bügler nicht nach langem philosophischen Nachdenken, sondern nach einem Leben als armer jüdischer Arbeiter. Der Einspruch gegen den Glauben an die Bergung des Lebens, den der aufgeklärte Verstand erhebt, wiegt leicht gegen die Demütigungen, die die Hoffnung hinnehmen muß in den Erfahrungen des Todes, der Zerstörung und der Unlebbarkeit des Lebens.

Das ist alles! Dieser Satz von Herrn Goldfaden hat die besseren Argumente und die handgreiflichere Erfahrung für sich. Viele ziehen aus dem Leben all der Teresinhas und ihrer toten Kinder eine einfache Summe: Gott sitzt nicht im Regiment und lenkt uns nicht mit weiser Hand. Ein einziger gefolterter Mensch widerlegt Gott und den Sinn der Welt. Je größer wir den Menschen zu denken gelernt haben – die biblische Tradition denkt ihn als Sohn und Tochter Gottes –, um so weniger ist seine Zerstörung zu rechtfertigen, wiedergutzumachen oder zu erklären.

Ist das alles? Später, als Benjamin in sein Dorf Zemyock zurückkommt und die aberwitzige Frömmigkeit und die grundlose Hoffnung seiner Bewohner wahrnimmt, sagt er: »Mein Gott, ist all dies ein Irrtum, so ziehe ich ihn den kleinen Wahrheiten der Ungläubigen vor!«

Zwei Antworten! Herr Goldfaden sagt: Man kann nicht glauben, und man muß sich mit der harten Realität abfinden. Weiter ist nichts zu sagen. Benjamin rebelliert mit seiner Hoffnung gegen diese Realität. Weil er sich nicht abfinden und mit der Zerstörung aussöhnen will, glaubt er. Eines Tages wird sich das ändern, der Tod wird für immer vernichtet sein, er macht der Schmach seines Volkes ein Ende, Gott hilft Leuten wie uns: Das sind Sätze des Aufruhrs gegen das Leben, das den Menschen vorenthalten wird. »Ist all dies ein Irrtum«, sagt Benjamin, »so ziehe ich ihn den kleinen Wahrheiten der Ungläubigen vor.«

Ich glaube an das ewige Leben! – Es könnte sein, daß der Sprecher dieses Satzes sich einfach das Menschenrecht nimmt, nicht zu verzweifeln. Der Schmerz treibt ihn in die unsagbare Sprache. Es gibt einen anderen Weg, auf dem man die Unbescheidenheit und die Sehnsucht nach dem ganzen Leben lernt. Sehnsucht wird nicht nur gestillt, sie entsteht auch da, wo eine Liebe gelingt, wo das Leben glückt und wo ich seine Schönheit wahrnehme. Man lernt weinen am Schmerz und am Reichtum des Lebens. Ich denke an Paul Gerhard, den großen protestantischen Liederdichter des 17. Jahrhunderts. In seinem Lied »Geh aus, mein Herz, und suche Freud« preist er den Sommer und seinen Reichtum. Er preist

Narzissus und die Tulipan,
die ziehen sich viel schöner an
als Salomonis Seide.

Er preist die Lerche, die Glucke, den Bach und die Bienen. Er erschafft die Welt noch einmal, indem er sie lobt. Im Lob des Lebens macht er ihre Schönheit sichtbar. Diese Schönheit aber weist über sich hinaus auf den Grund aller Dinge, und er singt:

Ach, denk ich, bist du hier so schön
und läßt du's uns so lieblich gehn
auf dieser armen Erden:
was will doch wohl nach dieser Welt
dort in dem reichen Himmelszelt
und güldnen Schlosse werden.

Drastischer wird von Teresa von Avila erzählt, wie sie an der kleinen Schönheit den Hinweis auf die große Schönheit entdeckt: Einmal aß Teresa mit einem Priester ein reiches und gutes Essen. Eben waren sie an der besonders guten Süßspeise, da sprach der Priester mit vergrämtem Gewissen: Wie schwach und verführbar ist der Mensch und wie lenkt ihn seine Gaumenlust von den geistlichen Dingen ab! Teresa aber sagte heiter: Wenn dieses Essen und diese Süßspeise schon so gut sind, wieviel herrlicher und süßer wird unser Gott sein.

Also auch das Glück macht unbescheiden und hungrig. Wer keine Musik kennt, der entbehrt nichts, wenn er sie nicht hat. Wer Musik kennt, der leidet, wenn sie ihm fehlt.

Der Schmerz, das Glück und die Liebe sind schlechte Buchhalter. Sie bilanzieren nicht und sagen nicht nur, was man sagen kann, was der Fall ist und was man bei vernünftiger Kalkulierung erwarten kann. Der Schmerz, die Liebe und das Glück gehen mit der Sprache aufs ganze. Sie sind die großen Übertreiber, weil sie die großen Erwarter sind. Wenn Religion gut ist, dann ist sie das große Haus der Leidenden, der Liebenden und der Lobenden.

Wir sind nun unversehens über den Satz vom ewigen Leben darauf gestoßen, was religiöse Sprache ist. Sie ist keine Sprache neutraler Feststellung, mit der erklärt wird, wie alles ist und wie alles zusammenhängt. Es ist keine widerspruchsfreie Beschreibung geistlicher Sachverhalte. Es ist der große Schrei nach Leben und der große Jubel über das Leben. Religiöse Sprache ist eine psalmisch-poetische Sprache. Ihre Logik besteht nicht in ihrer Systematik und in ihrer Widerspruchsfreiheit. Es sind andere Fragen zu stellen: Macht diese Sprache den Menschen kenntlich in seinem Schrecken und in seinem Schmerz; in seinem Glück und in seinem Jubel? Lehrt sie ihn die Welt sehen, daß er darin hoffen und lieben kann; daß er darin glauben kann, daß nichts eisigen Zufällen entstammt und daß nichts in eisige Zufälle zurücksinkt?

Ich glaube an das ewige Leben. Es ist ein Satz, in dem sich Menschen das Recht auf Lebenswürde zusprechen und in dem sie die Gewißheit ausdrücken, daß sie nicht vergeblich hoffen. Es ist aber auch der Satz, der sich gegen die Korruption der Gegenwart wendet. Sie sagen sich damit: Dieses Leben in seiner Unbarmherzigkeit und seiner Korruption kann nicht das sein, das für uns gemeint ist. Es ist ein Satz, der einklagt, worauf Menschen hoffen. So ist es keine Sprache der Vertröstung, wohl aber eine Sprache des Trostes: Ich glaube an das ewige Leben – Eines Tages wird sich das ändern – Gott hilft Leuten wie uns.

Anmerkung

[1] A. Schwarz-Bart: Der Letzte der Gerechten, Frankfurt/Main 1959, S. 78 f.

Elisabeth von Thüringen –
Ein Tagtraum vom möglichen Leben

Was tun wir eigentlich, wenn wir uns einer Gestalt aus der Geschichte des Christentums erinnern? Was tun wir, wenn wir die Geschichte Elisabeths von Thüringen erzählen? Wir treiben ein Stück Heimatkunde. Heimatkunde kennen wir Älteren als Schulfach. In ihr wurde uns der Lebensraum erklärt, aus dem wir stammen. Man hat uns erklärt, wie unsere Vorfahren gelebt und gearbeitet haben; wie sie ihre Häuser gebaut und den Boden beackert haben. Die Idee dieses Faches war folgende: Man muß wissen, woher man kommt, wenn man wissen will, wer man ist. Wir sind nicht nur wir selber. Wir sind auch unsere Herkunft. In unsere Gegenwart sind die Wünsche, die Lebensbilder, die Lebenserwartungen der Menschen eingegangen, die vor uns gelebt haben. Sie aufzuspüren heißt, sich selber kennenzulernen.

Menschen erzählen Herkunftsgeschichten aber auch, damit ihre Hoffnung auf das Leben stärker wird. Weil die Hoffnung Feinde hat, nämlich die Niederlagen, die uns das Leben zufügt, brauchen wir Zeugen für diese Hoffnung. Und so spüren wir den Stellen nach, an denen das Leben gelungen ist; wo nicht Verrat, Niederlage und Schwäche über die Hoffnung triumphiert haben. Überall da, wo wir das Leben gelungen sehen, wird uns bezeugt, daß das Leben gelingen kann und daß Träume Wirklichkeit werden können; daß unsere eigene Mütterlichkeit dem Leben gegenüber nicht nur ein blasser Wunsch bleiben muß, sondern seine Realisierung und Erfüllung finden kann.

Ich möchte zunächst die äußeren Daten der heiligen Elisabeth in Erinnerung rufen und dann Szenen ihres Lebens interpretieren.

Elisabeth von Thüringen ist 1207 in Preßburg als ungarische Königstochter geboren. Noch nicht vierjährig, wurde sie mit Ludwig von Thüringen verlobt und wuchs auf der Wartburg auf. 1221 fand die Hochzeit mit Ludwig IV. statt, der inzwischen Landgraf war. Die Ehe war zärtlich und glücklich.

Elisabeths Fürsorge für die Armen bekam einen starken An-
trieb durch Franziskaner, die inzwischen bis Eisenach gekommen waren. Sie geriet unter den zweifelhaften Einfluß
des Konrad von Marburg, des Kreuzzugspredigers und späteren Ketzerverfolgers. Ihm unterwarf sie sich als ihrem
Beichtvater bedingungslos. Sie fand sich nur schwer in den
Entschluß ihres Mannes, zum Kreuzzug aufzubrechen.
Schon nach wenigen Monaten erhielt sie die Nachricht von
seinem Tod in Otranto (1227). Sie verließ die Wartburg und
wollte zunächst in das Franziskanerkloster in Eisenach eintreten. Das verhinderte ihr Beichtvater. Daraufhin kam sie
nach Marburg, das ihr als Witwensitz angewiesen wurde.
Dort lebte sie als Mitglied des Dritten Ordens der Franziskaner in äußerster Kargheit. Ihre Mittel verwendete sie für
das Hospital, das sie gegründet hatte, und für die Armen der
Stadt und der Umgebung. Sie starb 1231 und wurde bereits
vier Jahre später heiliggesprochen. Um ihr Leben rankte sich
bald schon ein Kranz von Legenden. Diese Legenden will
ich bei meinen Interpretationen berücksichtigen wie die
Realität selber. Denn was erzählt wird, ist so wichtig wie das,
was tatsächlich geschehen ist in ihrem Leben. Lassen Sie uns
also auf Spurensuche gehen! Lassen Sie uns nach Spuren unserer Herkunft und unserer eigenen Lebenswünsche suchen!
Aus dem Bericht der Guda, der Kindergespielin der Elisabeth, erfahren wir:
Als das Kind Guda etwa fünf Jahre alt war, wurde sie der
damals vierjährigen Elisabeth als Gespielin zugesellt. Nach
dem Lebenswandel Elisabeths gefragt, sagte sie später unter
Eid aus, Elisabeth habe von Jugend auf frommen Eifer gezeigt und ihr Sinnen und Trachten im Spiel und Ernst auf
Gott gerichtet. Beim Ringspiel und von jedem anderen
Gewinn gab sie den zehnten Teil armen mitspielenden
Mädchen. Sie versagte sich täglich etwas, um ihren Willen
Gott zuliebe zu überwinden. Hatte sie beim Spiel beste Aus-
sicht zu gewinnen, so sagte sie: Jetzt, beim Gewinnen
möchte ich aus Liebe zu Gott aufhören. Und wenn beim
Reigen mehrere Runden zu tanzen waren, machte sie nur
eine mit und erklärte den Freundinnen: Eine Runde genügt
für die Welt. Die andere will ich Gott zuliebe unterlassen.

Ich habe ein siebenjähriges Enkelkind. Sollte es einmal solche Sätze sagen und eine solche Einstellung zur Freude und zum Glück zeigen, dann wäre es Zeit für eine Therapie. Wenn wir die Spuren unserer Herkunft suchen, stoßen wir nicht nur auf Gold. Heimatkunde und Spurensuche treiben heißt auch, die Augen nicht verschließen vor den Zerstörungen und dem falschen Leben, die ein Teil des Christentums sind. Wir stoßen während der gesamten Lebensgeschichte Elisabeths auf Leidenssehnsucht und auf die Lust daran, sich selbst aufzugeben und das Glück im Unglück zu suchen. Sie geißelte sich, sie unterbrach ihren Schlaf. Sie unterwarf sich ihrem rabiaten und fanatischen Beichtvater.

Folgende Geschichte aus späterer Zeit wird berichtet: Elisabeth wünschte ihre Kinder wiederzusehen, machte dies aber abhängig von der Zustimmung ihres Beichtvaters Konrad von Marburg. Ihr jüngstes Kind war in einem Kloster in Altenburg untergebracht. Dort wollte es Elisabeth besuchen. Die Nonnen baten Meister Konrad, Elisabeth den Zugang zur Klausur zu gestatten, dem Inneren des Klosters also, wo sich das Kind aufhielt. Konrad antwortete zweideutig: »Sie mag eintreten, wenn sie will!« Als Elisabeth aber die Schwelle der Klausur übertrat, ließ Konrad sie herausholen und sagte ihr, daß jeder Laie, der ein Kloster betrete, dem Kirchenbann verfallen sei. Zur Strafe ließ er Elisabeth und ihre Begleiterin Irmingard durch einen Bruder mit Ruten peitschen, daß man die Striemen davon noch drei Wochen sah.

Welcher Glaube und welches Christentum ist das, in dem einer dies dem anderen antut und der andere es sich im Namen Gottes gefallen läßt! Dies ist nicht nur die Hysterie Elisabeths und jenes opfersüchtigen 13. Jahrhunderts. Es ist ein Zug der Lebensauffassung im Christentum, der uns lehren will: Das Leben gelingt nur, wenn man es aufgibt, wenigstens einen Teil davon aufgibt; wenn man den letzten Tanz nicht mehr tanzt. Aber welcher Gott wird da verehrt? Will er denn unser Blut, oder will er unser Spiel? Die Geschichten, die von Heiligen erzählt werden, die Geschichten also, in denen Christen einander deutlich machen, was ihnen wichtig ist, sind oft Leistung- und Selbsteroberungsgeschichten. Das

Judentum haben wir Christen im üblichen Antijudaismus die Religion der Gesetzlichkeit genannt. Aber im Christentum selber gibt es einen Zug, der den Glauben an den Charme der Gnade verrät. Unsere kleine, geplagte Schwester Elisabeth! Hätte sie doch Meister Konrad zum Teufel gejagt und sich am Glück ihres Kindes erfreut. Hätte sie doch Gott durch den Tanz geliebt und nicht durch Verzicht!

Aber ich will mir selbst in den Weg treten und mein Urteil nicht jener fremden und leidenssüchtigen Zeit überstülpen. Vielleicht gibt es doch einen Punkt, von dem her man die Leidenshingabe der Elisabeth anders verstehen kann denn als pure Opfersucht. Es wird folgendes erzählt:

Eines Tages begegnete Elisabeth einer alten Frau, die oft Almosen von ihr empfangen hatte. Elisabeth war auf dem Weg zur Kirche und war gerade an eine enge Stelle auf ihrem Weg gekommen, wo man Feldsteine in den Straßenschlamm gelegt hatte, daß der Weg passierbar würde. Als die beiden Frauen sich begegneten, stieß die Alte Elisabeth in den Schlamm. Sie fiel hin, und ihre Kleider waren vom Kot beschmutzt. Elisabeth stand auf, ungeachtet der Leute, die spottend um sie standen. Sie wusch ihr Kleid am Brunnen, heiter und unbefangen.

Von Franz von Assisi, der nur wenige Jahre älter ist als Elisabeth und dessen Bewegung und spirituellen Grundgedanken sie gekannt hatte, werden ähnliche Dinge erzählt. Beide brechen mit ihrer gesicherten Herkunft, beiden ist Geld verachtenswert wie Kot, beide freuen sich mehr über Kränkungen, als daß sie ihnen aus dem Wege gehen. Wie Franziskus wäscht und küßt Elisabeth die Aussätzigen und überwindet den Ekel ihres hohen Standes gegen den Gestank und den Schmutz der Armen. Wie kann man diese Elisabeth verstehen? Es gibt eine einfache Antwort darauf, die allerdings nichts klärt: Elisabeth liebt Gott. Sie ist verliebt in ihren heimatlosen, armen, schutzlosen und verwundeten Christus. Elisabeth liebt Gott und versinkt in ihm, wie vor ihr viele Mystiker. In dieser Versunkenheit wird ihnen Gott »alles in allem«. Die Liebe läßt nichts getrennt und unvereinigt. Es gibt nicht mehr gesondert den Bereich des Bitteren und des Süßen, der Schmerzen und der Freude, den Bereich der Tränen und der Seligkeit. »Traurig und glücklich in einem«, heißt es bei ihr wie bei Franziskus. Krankheit, Schmerz und Beleidigungen werden zum Unterpfand des seligen Schatzes.

Darum können auch die Waisenkinder, die aussätzigen Bettler und die Armen nicht für sich gelassen werden. Es sind die Wunden Gottes, die sich in ihnen offenbaren. Einmal – so eine weitere Legende – nahm Elisabeth einen Aussätzigen auf. Sie wusch und pflegte ihn und legte ihn in ihr eigenes Ehebett. Als dies ihrem Gatten, dem Landgrafen, gemeldet wurde, kam er, um sich von dieser Ungeheuerlichkeit zu überzeugen. Als der Landgraf aber die Decke zurückschlug, erblickte er nicht den Aussätzigen, sondern den gekreuzigten Christus.

Dies wird nicht als Trick erzählt, der Elisabeth vor dem Zorn ihres Mannes rettete. Einmal sieht Ludwig hier mit den Augen der Elisabeth: Der Aussätzige ist der gequälte Christus. Alles ist eins geworden. Es gibt nicht die enge Welt des Religiösen und die davon getrennte Welt des Aussatzes, des Hungers und des gequälten Lebens. Gott und der Aussätzige, Gott und die verlassene Witwe, Gott und die Waisenkinder sind zusammengekommen, sie sind nicht mehr getrennt. Die Bewegung der Liebe ist eine geworden: Wenn sie zu dem Einen will, muß sie zu allen. Wenn sie auf alle zielt, trifft sie den Einen.

Elisabeth liebt Gott. Je stärker die Liebe, desto weniger wird die Abwesenheit des Geliebten hingenommen. Sie wird als Schmerz kultiviert. Der Schmerz ist die bejahte und gesuchte Gestalt der Abwesenheit des Geliebten. Vielleicht erklärt dies ein Stück der Leidensbereitschaft der Elisabeth. Wo sie die Vertreibung Gottes aus seiner Welt erfährt, wo sie die Zerstücklung Gottes in arm und reich erfährt, in krank und gesund, in oben und unten, in mächtig und schwach, da *will* sie den Schmerz über den geschändeten und vertriebenen Gott. Der Schmerz ist die Gestalt ihrer Erinnerung und Sehnsucht. So sucht sie die Erniedrigung, weil ihr Geliebter erniedrigt ist. Sie kultiviert den Schmerz, weil sie die Erinnerung nicht hergeben will. Wer versteht schon die Liebe? Dies alles mag eine Torheit sein, aber ist es falsch?

Elisabeth liebt Gott. Die Liebe ist verwundbar, die Liebende kann getroffen werden, und zwar durch nichts so sehr wie durch den Geliebten selber. Vielleicht ist in jeder großen Liebe ein Stück Masochismus, ein Stück Leiden-*Wollen*. Es scheint, als könne man eine große Liebe nur bewahren in der Gestalt der Verwundung – ich weiß nicht, warum. Eilfertig räumt Elisabeth alles aus, was sie vor den Wunden der Liebe schützen könnte. Nichts soll ihre Seele schützen vor dem Ansturm des Geliebten. Darum will sie ihren Besitz aufgeben; darum verläßt sie die Burg, die sie sichert; darum will sie – so fatal es auch ist – ihren eigenen Willen an die Entscheidung ihres Beichtvaters Konrad geben. Nackt und schutzlos will sie sein. Nacktheit ist in der franziskanischen Tradition ein tiefes Symbol. Alles kann treffen, und nichts hält das Schwert der Liebe auf. Die Wunden sind die Signatur der Liebe. Kann das denn wahr sein? Es widerspricht fast in allen Punkten dem herrschenden Verständnis von Glück: Glück als Übereinstimmung mit sich selbst. Elisabeth sucht die Übereinstimmung mit dem, den sie liebt.

Was können wir an diesem Punkt von Elisabeth lernen? Ich vermute, nichts! Man muß ja nicht aus allem etwas lernen. Man muß auch das zur Kenntnis nehmen, was man nicht versteht. Um es in einem Bild zu sagen: Man muß die Bücher lesen, die man noch nicht kennt und versteht, und nicht nur die, die uns selbst zitieren und mit denen wir immer schon übereinstimmen.

An zwei Geschichten bin ich immer wieder hängengeblieben. Die eine handelt davon, daß Elisabeth, so lange sie noch auf der Wartburg war, sich verpflichtete, sich von allem zu enthalten, was aus ungerechter Besteuerung kam. So wird erzählt, daß Elisabeth ihren Lebensunterhalt nicht aus Raub und Plünderung der Armen bestreiten wollte, wie dies an Fürstenhöfen üblich war. So erkundigte sie sich, solange sie noch auf der Wartburg war, bei Tisch nach der Herkunft der aufgetragenen Speisen und Getränke und wollte stets wissen, ob sie aus den rechtmäßigen Gütern des Landgrafen stammten oder ob sie erpreßt seien. Kamen die Speisen aus landgräflichem Besitz, der Wein aber war erpreßt, so sagte sie zu ihren Mägden: »Heute werden wir nur essen können!« Waren dagegen die Speisen erpreßt, während der Wein aus landgräflichen Weinbergen stammte, so sagte sie: »Heute werden wir nur trinken können!« Erfuhr sie aber, daß beides redlich erworben sei, klatschte sie in die Hände und rief fröhlich: »Wohl uns! Heute können wir essen und trinken.« Sagte man ihr aber, Speisen und Wein seien unrechtmäßig erworben, dann lehnte sie alles ab und saß hungernd und dürstend an der Tafel, und sie ließ sich nicht davon abbringen.

Wie schön und poetisch eine Geschichte ist, wenn man sie in historischer Distanz läßt – und wie unverständlich! Ich möchte sie übersetzen in die Geschichten heutiger Elisabethen. Viele Jahre hat sich die Frauenaktion Südafrika innerhalb der evangelischen Frauenarbeit mit dem Rassismus in jenem Land beschäftigt. Sie haben die Geschichten der Unterdrückung und der Demütigung der Schwarzen in Südafrika gesammelt, die erzählten, wie die Familien auseinandergerissen wurden; wie das schwarze Dienstmädchen ihr Kind nicht im weißen Haus behalten durfte, wenn es ihren Arbeitgebern nicht paßte. Sie informierten über die Rechtlosigkeit der Schwarzen, über die Terrorurteile der Gerichte, über die Hungerlöhne, die sie bekamen. Und sie sahen, wie wir selber in die Apartheid verwickelt waren, so wie Elisabeth auf der Wartburg, wenn sie von dem Brot aß, das den Bauern abgepreßt wurde, und wenn sie sich in die Wolle kleidete, die den Kindern der Armen geraubt wurde. Und sie sagten das, was Elisabeth sich und den Mägden gesagt hat: Lebt nicht vom geraubten Brot der Armen! Eßt keine Früchte der Apartheid! Sie fragten wie Elisabeth auf der Wartburg in den Kaufhäusern: Woher kommen die Trauben? Woher kommen die Apfelsinen und die Äpfel? Sie verweigerten sich, wenn sie aus Südafrika kamen. Sie kündigten die Konten, die sie bei Banken hatten, die in das Südafrika-Geschäft verwickelt waren.

Eine Frau aus der evangelischen Frauenarbeit schrieb in einem Gebet für Südafrika: »Die Regierung und ihre Handlanger verhaften die Kleinsten, foltern sie, zerstören sie körperlich und seelisch. Ich darf sie mir gar nicht vorstellen, sie könnten eines meiner Kinder sein.«

Das ist die andere Mütterlichkeit: die eigenen Kinder in die geschlagenen Kinder hineinsehen. »Sie könnten eines meiner Kinder sein«, betet die Frau. Von Elisabeth wird erzählt: Auf ihrem Weg nach Eisenach sah Elisabeth mitten in einem Unwetter auf einem Holzstoß ein Kind sitzen, das in Lumpen gekleidet war, aus dessen großem Kopf zwei traurige Augen sie unverwandt anblickten, als ob die Not der ganzen Welt aus ihnen spräche. Sie neigte sich zu dem Kind und fragte: »Kind, wo ist deine Mutter?« Da wuchs an dieser Stelle ein Kreuz empor, an dem mit ausgespannten Armen Christus hing, der sie mit den Augen des Kindes ansah.

»Sie könnten eines meiner Kinder sein!« betete die Frau. »Kind, wo ist deine Mutter?« fragte ihre schon lange gestorbene Schwester Elisabeth. Es ist keine Frage der Neugier. »Kind, wo ist deine Mutter?« und: »Sie könnten eines meiner Kinder sein« sind Adoptionsformeln. Es ist das Versprechen, die Kinder des Elends anzusehen, als seien es die eigenen. Und die beiden Frauen sehen in den Kindern den gemarterten Christus.

In der Übersetzung der alten Geschichte in die Geschichte der Südafrika-Frauen spürt man, wie provokativ jene war; wie sie vom Hof des Landgrafen nicht als harmlose Marotte abgetan werden konnte. Die Verweigerung der Elisabeth stellte das System in Frage, mehr als jede Predigt über Barmherzigkeit es hätte tun können. Ich denke an den erbitterten Streit, den es in der evangelischen Kirche gegeben hat, als die Südafrika-Gruppen auf dem Kirchentag in Frankfurt zur Kündigung der Konten bei den Banken aufforderten, die mit dem System der Apartheid zusammenarbeiteten. Die Frauen haben mit ihrer Verweigerung dem Apartheidsystem nicht die Macht entzogen. Dazu waren sie natürlich zu schwach. Aber sie haben ihm öffentlich das Recht entzogen. Kein Unterdrückungssystem aber kann sich auf Dauer halten, wenn es nicht den Anschein des Rechts und der Notwendigkeit hat.

Eine andere Geschichte, die ich schon erwähnt habe, hängt mir im Kopf: Elisabeth begegnet auf dem schlammigen Weg der alten Frau, und diese stößt sie in den Schmutz. Elisabeth rächt sich nicht. Sie wäscht ihre Kleider am Brunnen des Dorfes unter dem Gespött der Leute. Was mich rührt an dieser Geschichte, ist die tiefe Gewaltlosigkeit jener Frau. Elisabeths Verzicht auf ihre ständische Sicherung, auf den Genuß ihres Besitzes und auf die Rache an dieser Frau hängen zusammen mit dem Verzicht auf die Sicherung des Lebens durch Macht und Gewalt. Es ist die Moral der Bergpredigt, der Elisabeth folgt. Und diese sagt: Du kannst das Leben nicht gewinnen, indem du dich in der Geste des Selbstschutzes, der Selbstverteidigung und der Aufrüstung gegen das andere Leben erschöpfst. Darum besteht Elisabeth nicht auf ihrem Recht, auf ihrem Besitz, auf ihrem Ansehen und auf ihrem Stand. Sie macht sich fast systematisch verwundbar, und sie befreit sich damit von der Möglichkeit der Gewalt.

Was könnte Gewaltverzicht für die Beziehungen der Menschen bedeuten? Was hieße Gewaltlosigkeit in einer Ehe, was in einer Schulklasse, in einem Universitätsseminar, was für die politischen Beziehungen der Völker und was für den Umgang mit der Natur? Vielleicht ist die Gewaltlosigkeit nicht immer durchzuhalten. Vielleicht gibt es Situationen, in denen der Zerstörung auch mit Gewalt Einhalt geboten werden muß. Aber das Höchste, was Gewalt fertigbringt, ist, die Macht einzudämmen. Gewalt überzeugt niemanden. Sie verlockt niemanden. Und auch die gerechteste Gewalt trägt den Samen zukünftiger und weiterer Gewalt schon in sich.

Die Geschichte der Elisabeth mit der alten Frau und die Szene ihres Racheverzichts ist aber nicht zu trennen von der Geschichte, die wir vorher gehört haben, von der Geschichte ihres Widerstandes gegen das geraubte Gut. Elisabeths Gewaltverzicht ist kein schwächliches Einverständnis mit dem jeweiligen Macht. Sie ist kein kraftloser Akt der Selbstaufgabe. Widerstand und Gewaltlosigkeit kommen zusammen. Vielleicht ist dies die einzige Weise, wie Widerstand überzeugt und wie er zur Verlockung für mehr und reicheres Leben wird.

Ich frage am Ende noch einmal, warum ich die Geschichten der Elisabeth brauche. Eine einfache Antwort: weil sie schön sind. Schönheit bleibt nicht folgenlos. Wenn ich wahrnehme, wie einem Menschen das Leben gelungen ist, wie sie Widerstand geleistet hat gegen die Aussaugung der Armen, wie sie mütterlich dem Leben gegenüber war und wie sie Gott geliebt hat, dann werde ich selber reicher und schöner. Schön macht einen Menschen nicht nur, was er schon selber tut und kann; schön machen ihn auch die Wünsche, die er hat, und die Träume von einem ganzen Leben, die er von seinen Geschwistern lernt.

Geschichten von der Rettung des Lebens

Das Gedächtnis, unsere Träume von der Gerechtigkeit und die Sprache der Hoffnung sind nicht selbstverständlich. Man muß sie lernen, und man muß sie ernähren. Sie haben ein Lieblingsfutter: Geschichten. Von solchen Geschichten von der Rettung des Lebens will ich reden. Ich will mit einer kleinen Geschichte aus der franziskanischen Tradition anfangen, sie hin- und herwenden und sehen, ob meine These stimmt: Die Hoffnung ernährt sich von Geschichten.

So wird erzählt: Einmal war Franziskus am Sonntag Laetare in der Fastenzeit in Rom beim Kardinal Orsini an der Piazza Navona zum Essen eingeladen. Als er auf die Piazza kam, stauten sich schon die Wagen der Fürsten und Bischöfe. Ein Diener führte ihn an seinen Platz an der Tafel, die sich bog bei der Menge der Speisen und des Weins. Franziskus sah dies, verließ die Tafel und ging mit seinem Bettelsack nach Trastevere, wo die Armen wohnten. Er bettelte wie gewöhnlich, und von einem bekam er einen Kanten Brot, hart, wie das Brot der Armen ist. Von einem anderen bekam er einen Knochen mit Fleischresten und von einem dritten einen Strunk alten Gemüses. Mit den geringen Gaben der Armen ging er zurück zum Tisch des Kardinals. Eben war die Krebssuppe aufgegessen, da kam Franziskus und verteilte die Gaben der Armen unter die Prälaten und Fürsten. Und so konnten alle das Brot der Armen mit dem Brot der Prälaten vergleichen.

Diese Erzählung flattert durch die Christentumsgeschichte wie eine unzerstörbare und nicht einzufangende Schönheit. Es ist unerheblich, ob solche Geschichten historisch sind oder nicht. Ihre Wahrheit liegt nicht in der Historizität. Wichtig ist, daß sie erzählt werden. Ich habe diese Geschichte übrigens ausgeschmückt. Ich habe ihr eine Zeit gegeben – den Sonntag Laetare. Ich habe ihr einen Ort gegeben und sie einer Person zugeordnet – an der Piazza Navona im Haus des Kardinals Orsini. Ich weiß nicht, ob es jenen Kardinal Orsini in jener Zeit an jenem Ort gegeben hat.

Aber Geschichten dieser Art brauchen Zeit, sie müssen langsam daherkommen, sie müssen nach etwas riechen. Man kann die Geschichte nicht auf ihre Aussageabsicht reduzieren. Diese Absicht ist nicht pur zu haben, sondern nur in ihrer Inszenierung in Zeit und Ort und gebunden an Personen. Die Inszenierung trägt zum Gedanken nichts bei, aber sie erläutert ihn. In der langsamen Sinnlichkeit wird der Gedanke laut, hörbar und verstehbar. Die zeitaufwendige Nennung ist der unentbehrliche Resonanzboden des Gedankens. Ohne ihn bliebe der Gedanke Partitur, er würde nicht Musik. Es fällt mir vor allem in protestantischen Predigten die Eiligkeit auf, zum »Kern der Sache« zu kommen; die Gedanken oder die Bilder zu enthäuten, das Wesentliche zu haben – ohne Beiwerk, ohne Umwege, ohne Vorspiel. Geschichten werden zur Theologie, und Narrativität wird zu ungeschönter Reflexivität, wo wir der Sprache die Zeit nehmen; wo wir ihr die Anwege, die Umspielungen und die Umwege nehmen. Enthäutete Gedanken – alles ist direkt da, die Zeit für die Annäherung ist ihnen nicht gelassen. Wenn diese Geschichtensprache überhaupt etwas will, dann will sie bilden und erbauen. Meistens aber wird diese Sprache schon durch die Beabsichtigung verdorben. Die Stärke dieser Sprache liegt nicht in ihrer argumentativen Überzeugungskraft, sondern in ihrer anarchistischen Schönheit. Schönheit meine ich nicht als einen formalästhetischen Begriff. Schön nenne ich diese Geschichten, weil sie von der dem Menschen zugedachten Würde erzählen. Sie erzählen davon, daß jeder das Brot haben soll, das er braucht. Es soll keiner beleidigt werden durch Hunger, es soll sich keiner selber beleidigen, indem er den Armen das Brot wegfrißt. Jede dieser Geschichten lehrt den Durst nach mehr Leben. Man will Amen sagen, wenn man sie gehört hat: Ja, so soll es sein, so kann man leben. Anarchistisch nenne ich diese Schönheit, weil sie den maskierten Tod entlarvt, in dem die einen fressen und die anderen hungern. Die Schönheit und die Poesie sind die Mütter der Anarchie. Jeder Sturz der Tyrannen, jede Arbeit an der Gerechtigkeit und jeder Traum von einer anderen Welt sind auf sie angewiesen. Ohne Schönheit und ohne Poesie geht ihnen der Atem aus oder sie werden stalinistisch. Schönheit, Spiel,

Poesie und Gewaltlosigkeit haben miteinander zu tun. Jede Bewegung, die das Leben von Menschen ändern will, ist nicht nur nach ihren Zielen zu befragen und durch ihre Ziele gerechtfertigt. Man muß sie fragen, ob sie Zeit hat für Umwege oder ob sie nur funktionalistisch denkt. Man muß sie fragen, ob sie einen Ort und ob sie Zeit hat für das Spiel, für die Lieder und für die Erzählungen der Freiheit – auch für das Gebet als die große poetische Form des Freiheitsdurstes. Mit der Auswahl meiner Geschichten lege ich mir eine Vergangenheit zu und erkläre, wer ich bin und was ich beabsichtige. Meine erinnerte Vergangenheit ist also nicht nur ein objektives und hinter mir liegendes Faktum. Das Gedächtnis, die Erinnerung, mit der ich mich selber ausstatte, ist auch das Ergebnis meiner Wahl und meiner Lebensoption. Es gibt wohl kaum jemanden, der sich nicht durch Geschichten und durch die Konstruktion seiner Herkunft rechtfertigt und erklärt. Diese Erinnerungen sind so verschieden, wie unsere Lebensoptionen verschieden sind. Die Erinnerung kann eine »heiße« (Lévi-Strauss) und zur Veränderung drängende sein. Sie kann auch »kalt« sein und den Bestand rechtfertigen wollen. Die Franziskus-Geschichte, die ich erwähnt habe, ist eine »heiße Geschichte«. Es kommen in dieser Geschichte zwei Welten zusammen, und ihre Wichtigkeiten werden verglichen: das Brot. Die Kargheit der einen entlarvt den Überfluß der anderen. Die sonst Unsichtbaren treten in dieser Geschichte ans Licht, und ihr Schicksal wird erkenntlich an der kargen Nahrung. Sie stören, indem sie aus dem Schatten treten, und zwar nicht nur die Prälaten an der Piazza Navona, sondern alle, die diese Geschichten erzählen und hören.

Franziskus, die Figur, die den einen zur heißen Erinnerung wird, kann anderen ein kaltes, das heißt bekehrungsfeindliches Gedächtnis sein. In der Einleitung zu seiner Übersetzung der Fioretti hat Rudolf G. Binding folgenden Abschnitt geschrieben:

»Dort, wo die Luft rein weht von den weithin leuchtenden Kämmen des Apennin und sich den Winden der Tiberebene vermählt, die da süß sind vom Blumen- und Kräutergeruch und warm von dem Atem reifenden Korns; dort wo die

Sonne ein Gott ist, der lacht; wo die Bienen summen den lieben langen Sommer und die Lerchen schmettern, daß du ein wenig schläfrig wirst und ein Träumer am hellen Tag; dort wo das ganze Land weiter nichts ist als ein unschuldiger Jubel für einen geahnten Schöpfer: dort sind sie erwachsen, die Blümlein des heiligen Franziskus.«[1]

Dieser Erinnernde sagt sich an Franziskus: Die Welt ist schon in Ordnung. Die Bienen summen, die Lerchen schmettern und der Sonnengott lacht schon für alle. Diese Sätze haben keinen Appell, und in ihrer Schläfrigkeit machen sie den kleinen Heiligen unsichtbar, der an der Zerstückelung seines Gottes in oben und unten, in arm und reich, in schwach und mächtig leidet. Die Art der Erinnerung, die ich mit den Bindingschen Sätzen beschrieben habe, erhebt keinen Anspruch gegen die Gegenwart. Sie ist mit ihr eins und einverstanden und sie vermißt nichts. Die kleine Geschichte von Franziskus ist zugleich memoria passionis und memoria dignitatis. Es ist die Erinnerung an das Brot, das den Armen fehlt, und es ist die Erinnerung an einen, der sich die Würde anmaßte, nicht einverstanden zu sein mit dem Hunger der einen und der Kälte der anderen. Beide Erinnerungsarten führen zu dem, was Johann Baptist Metz das Vermissen genannt hat.[2]

Das Leiden der Menschen, das ich in der Geschichte wahrnehme, sagt mir: Es steht noch etwas aus, nicht nur damals, sondern auch in all den heutigen Trasteveres. Die Wahrnehmung dieses Leidens enthematet in der Gegenwart, denn wie kann man zu Hause sein, wo das Brot und die Würde der Menschen noch nicht gerecht verteilt sind! Man lernt an der Geschichte, das Reich Gottes zu vermissen.

Sich erinnern heißt Welt konstruieren und auswählen. Damit gehört zur Erinnerung auch das Vergessen. Ich will das an einer Geschichte von Franz verdeutlichen:

Einmal wurde Franziskus gefragt, was der vollkommene Gehorsam sei, und er beschrieb den wahren Gehorsam unter dem Bild einer Leiche: »Nimm einen entseelten Leib und lege ihn hin, wo es dir gefällt! Du wirst sehen, daß er dir mit keiner Bewegung Widerstand leistet, sich nicht über seine Lage beschwert noch sich beklagt, wenn du ihn liegen läßt.

Wenn er auf einer Kanzel erhöht wird, wird er nicht in die Höhe, sondern in die Tiefe blicken. Er ist der wahrhaft Gehorsame, der nicht darüber urteilt, warum er bewegt wird; der sich nicht darum sorgt, wo man ihn hinlege, und der nach keiner Veränderung verlangt.«

Den Franziskus dieser Geschichte will ich vergessen. Meine Lebensabsichten sind in ihr nicht ausgedrückt. Die Geschichte gehört nicht zu meinem Franziskus.

Ich falle mir selbst ins Wort. Werde ich nicht selber Herr aller Überlieferungen und aller Erzählungen, wenn ich mir meinen Franziskus konstruiere, bis er mir und meinen Wünschen entspricht, er aber keine Realität mehr für sich selbst ist? Die Traditionen sind nicht unsere Herren. Das haben wir gelernt, und so aufgeklärt sind wir. Aber wir sind auch nicht die ständigen Oberstaatsanwälte der Glaubenserzählungen und der Glaubensformen unserer Väter und Mütter. Die menschenwürdige Weise, in der Menschen miteinander umgehen, ist das Gespräch, nicht das Diktat. Auch im großen Gespräch über die Generationen hinweg ist das Gespräch die einzige Weise der Wahrheitsfindung. Es hat keiner zu diktieren, weder die Tradition uns noch wir der Tradition. Das Diktat verdirbt das Gespräch.

Vielleicht stört mich bei einem Teil der neuen Religiosität am meisten das heiter-herrische Flanieren durch Geschichte und Gegenwart der Religionen. Die Flaneure kommen mir vor wie Sklavenverkäufer, die mit ihren Stöckchen auf diesen starken Sklaven und jene schöne Sklavin deuten und ihnen sagen: »Komm mit! Ich brauche dich, jedenfalls eine Zeitlang, bis du mich langweilst.«

So kann ich aus diesen Traditionen nicht lernen, bzw. ich lerne mich immer nur selber. Denn ich befehle den Traditionen zu sagen, was ich schon weiß.

An den Geschichten, mit denen ich ins Gespräch komme, lerne ich, indem ich bestätigt und getröstet werde und indem ich verstört werde. Wenn erzählt wird, wie Franziskus Macht demaskiert und wie er das Leben schützt, dann stützt er meine Wünsche, die ich schon habe. Ich erkenne mich in ihm wieder, der eindeutiger und radikaler vorspielt, was ich in meinem schwachen Wünschen auch will. Wenn ich die

Geschichte von dem gehorsamen Leichnam höre, dann verstört er mich. Ich bin befremdet und frage mich: Was hat sich der radikale Bruder bei dieser Geschichte gedacht? Aber er, den ich achte, hat sie erzählt. So kann ich sie nicht einfach abtun. Ich muß mit ihr streiten. Auch Streit ist eine Form des Gesprächs. Es kann sein, daß ich in diesem Streit etwas Neues lerne. Es kann auch sein, daß ich sagen muß: Kleiner Heiliger, an dieser Stelle verabschiede ich mich von dir. Es kann aber nicht sein, daß ich von vornherein das Gespräch mit der Dunkelheit und der Fremdheit jener Tradition vermeide und daß ich von vornherein weiß, daß ich recht habe, sie aber unrecht hat.

Herrisch habe ich gegenüber jenen Traditionen nicht zu sein. Trotzdem bleibt wahr, daß meine Herkunft auch mein Konstrukt und meine Entscheidung ist. Wie aber wähle ich aus dem Schatz jener Geschichten aus, was erkenne ich als wertvoll und was verwerfe ich?

Mit Studierenden, die kaum Kenntnisse in der Christentumstradition haben, bespreche ich öfter Grundtexte jener Tradition. Es fällt mir auf, daß sie die Qualität der Texte kaum erkennen und würdigen können. Sie sind auch bei schönen Texten hilflos und befremdet. Manchmal sind sie auch aggressiv und werfen mir vor, ich legte die Qualität in der Interpretation erst in die Texte hinein. Wie also sollen sie erkennen, was wichtig und was unentbehrlich ist?

Je mehr man sich in die Tradition vertieft, sie sich geduldig und langfristig aneignet, um so mehr bildet sie uns und verleiht sie selber uns die Souveränität, Stränge jener Überlieferung anzunehmen oder uns kritisch zu distanzieren. Die Geschichten arbeiten an unseren Wünschen, an unserem Gewissen und an unserem Urteil. Bei der Auswahl der Erinnerung und der Erstellung der eigenen Vergangenheit hilft mir aber vor allem die leidenschaftliche Wahrnehmung der Gegenwart. Das Vermissen, das Leiden, die Ungetröstetheit im Lande der Trostlosigkeit ist die Hermeneutik der Auswahl und der Interpretationen von Geschichten und Traditionen. Wir können es an Franziskus selber sehen. Bis vor 25 Jahren war er nur in der katholischen Tradition bekannt, und zwar eher als ein etwas dümmlicher Heiliger. Seitdem ein kollektives Gespür dafür da ist, daß wir mit unserem Machergestus der Welt und der Zukunft unserer Kinder gegenüber am Ende sind, wird dieser Heilige der Ehrung des Lebens wichtig und werden seine Geschichten erzählt.

Ich nenne andere Beispiele für die Interpretation von Texten aus dem Leiden an der Gegenwart: Zu einem Grundtext der amerikanischen Friedensbewegung ist der Kindermord zu Bethlehem geworden; Feministinnen berufen sich auf die Geschichte Jephtas, vorher ein kaum beachteter Text; in der Antirassismusarbeit wurde die Apokalypse ein wichtiges Buch. Es gilt beides: wir wählen die Texte aus, weil wir sie brauchen. Die Texte selber, wenn wir langfristig durch sie und in ihnen gebildet sind, leiten uns an, ihre eigentlichen Wichtigkeiten zu erkennen.

Bisher habe ich so geredet, als sei das einzelne Subjekt allein mit seiner Aufgabe, sich mit Überlieferungen zu kennzeichnen. Erinnerungen und Traditionen halten sich, indem sie in einer Gruppe erzählt werden. Ich berufe mich hier auf Maurice Halbwachs, den französischen Soziologen und Juden, der 1945 in Buchenwald ermordet wurde. Er hat wie kaum ein anderer die Gedächtnisdiskussion der letzten Jahre geprägt.[3] Normatives Wissen und Erinnerung bleiben nur in Gruppen lebendig. Wir erinnern uns langfristig nur an das, was in der für uns signifikanten Gruppe von Bedeutung ist.

Die Wichtigkeit des Wissens lese ich meiner Erzählgruppe von den Lippen. Es mag noch so viele Bücher über Franz von Assisi geben, seine Vorstellungen und Visionen mögen wissenschaftlich noch so erforscht sein. Wenn es keine Gruppe gibt, in der er narrativ vergegenwärtigt wird, dann bleibt er ein blasser und ohnmächtiger Schatten. Er bildet kein Ethos und keinen Traum. Er ist reine scientia, keine sapientia. Es gibt also keine langfristige, konsistente, bildungs- und handlungsrelevante religiöse Erinnerung ohne Kirche. Der Bezugsrahmen und das Bedeutungsschema des gemeinsamen Gedächtnisses macht mir die Vergangenheit erst zu einem erkennbaren Erbe; verleiht ihr erst Wichtigkeit und bringt sie existentiell in den Blick. Halbwachs hat in seinem Gedächtnisbuch ein Kapitel mit dem Titel »Das Vergessen durch Loslösung von einer Gruppe«.

Die Gruppe prägt die Erinnerung. Ebenso richtig ist die Umdrehung: Die Erinnerung prägt und gründet die Gruppe. Wer sie ist und was sie soll, erzählt sich die Gruppe in den Geschichten der eigenen Traditionen, im Gedächtnis des eigenen Schicksals, im Gedächtnis des Entrinnens und Gelingens, im Gedächtnis der Schuld und der Toten. Die Zirkulation der Erinnerungen wird zum Gemeinsinn, und der Gemeinsinn erhält die Gruppe. Sinn, langfristige und grundsätzliche Selbstvorstellungen halten sich nur als kollektive. Die rein individualistische Sinnsuche ist zum Scheitern verurteilt. Norbert Elias beklagt die monadischen Individuen, deren wichtigste Lebensaufgabe es ist, »nach einer Art von Sinn für sich allein zu suchen, einem Sinn, der unabhängig von allen anderen Menschen ist. Kein Wunder, daß Menschen bei der Suche nach dieser Art von Sinn ihr Leben als absurd erscheint.«[4]

Identitätsbegriffe setzen oft eine Selbstvorstellung voraus, in der das Subjekt in Konsistenz und Langfristigkeit mit sich selber übereinstimmt. Das Selbstverständnis aus einer gemeinsamen Erinnerung gibt die personale Identität und individuelles Wissen und Bewußtsein natürlich nicht auf. Aber es entsteht ein Subjekt, das sich auch von außen nach innen verstehen lernt. Es baut sich auf »kraft seiner Teilhabe an dem Selbstbild der Gruppe«.[5] Der Mensch, der seine Geschichte mit einer Gruppe teilt, ist also nicht nur er selbst, er hat nicht nur ein individuelles Gesicht. Er hat etwas Statuenhaftes. Die Geschichte und die Gruppe, die sie trägt, haben es geprägt. Er hat die Wichtigkeiten und das Erinnerungsschema seiner Gruppe übernommen. Er wird über die Sachverhalte zornig, traurig oder beglückt, von denen auch die anderen Mitglieder der Gruppe bewegt werden.

Nicht der einzelne ist der Hüter der Erinnerungen, sondern das Kollektiv. Man kann Erinnerungen auch als einzelner nachlesen. Aber nicht das Lesen, sondern das Erzählen ist die Form der Aneignung von Erinnerungen. Zwischen Lesen und Erzählen besteht ein Unterschied wie zwischen dem einsamen Lesen eines Shakespearestücks und seiner dramatischen Aufführung. Das Kollektiv mit seinen Leiden, Erwartungen an die Zukunft, mit seinen Verstörungen ist der

Resonanzboden der Geschichten. Es kommen im Erzählen zwei Texte zusammen, der alte Text und der neue Lebenstext jener Hörenden. Beide Texte entzünden sich aneinander.

In den Erinnerungen, die in einer Gruppe zur Aufführung kommen, sagen sich Menschen zwei Dinge. Einmal vergewissern sie sich gegenseitig, daß sie entrinnen werden. »We shall overcome« ist der Grundton der heißen Erinnerung. Wir sind aus Ägypten entkommen, wir sind durch das Meer und die Wüste gekommen, so werden wir auch den gegenwärtige Bedrohungen entrinnen. Das Zweite, was sich Menschen in ihren Erzählungen sagen, ist: Wir gehören zusammen. Keiner wird allein bleiben; denn wir wissen, daß wir nur entkommen, wenn wir zusammenbleiben. Erzählungen in Kollektiven sind auch immer große Selbstinszenierungen dieser Kollektive, die eigentlich nur der verstehen kann, der zur Schicksalsgemeinschaft der erzählenden Gruppe gehört. Die Eigenheiten solcher Erzählungen kann man daran erkennen, daß sie sich nicht durch ihren Informations- und Neuheitswert rechtfertigen. Die Geschichte von dem Brot der Armen auf dem Tisch der Reichen ist keine Nachricht, sondern eine Aufführung. Es sind Exklamationen, die das Leben beschwören gegen den Untergang und gegen die Korruption. Aber man muß zu jener Erzählgruppe gehören und man muß ihr Schicksal teilen, um diese Sprache zu schätzen. Große Erzählgruppen sind die, bei denen das Überleben nicht selbstverständlich ist: die Juden, die Iren, die lateinamerikanischen Bauern. Sie wiederholen sich in der Erzählung, daß das Leben gelingen kann.

Ich möchte einen Punkt aufgreifen, den ich nur angedeutet habe: Erinnerungen öffnen uns die Augen. Im »Geschichtenerzähler« von Isaac B. Singer lese ich folgendes:

Naftali, der umherziehende Geschichtenerzähler, kommt eines Tages zu Reb Falik, einem Gutsbesitzer, der gern Geschichten hört und selbst gern erzählt, und erzählt dort eine Geschichte nach der anderen. Reb Falik bietet Naftali an, sein Haus mit ihm zu teilen: »Wir wollen Freunde sein und uns gegenseitig viele Geschichten erzählen. Was ist denn schon das Leben? Die Zukunft ist noch nicht da, und man kann nicht voraussehen, was sie bringen wird. Die Gegenwart ist nur ein Augenblick und die Vergangenheit eine lange Geschichte. Wer keine Geschichten erzählt und keine Geschichten hört, lebt nur für den Augenblick, und das ist nicht genug.«[6]

Wie befreien wir uns von dem puren Augenblick und von einer Gegenwart, die durch ihre Ausschließlichkeit betört? Ich möchte das Perlenlied zitieren, ein Märchen aus der frühchristlich-gnostischen Welt.[7]

In jenem Märchen ist von einem Königssohn die Rede, der im Osten, in der Welt des Lichts, wohnt, umhegt von der Fürsorge seiner Eltern. Dort aber kann er nicht bleiben. Er soll nach Ägypten, in das Land der Finsternis, und dort eine kostbare Perle finden. Erbe kann er erst sein, wenn er die Gefahren bestanden hat und mit der Perle zurück ist. Er kommt in das fremde Land und kehrt in einer Herberge ein:

Einsam war ich, keiner stand mir zur Seite,
den anderen Gästen meiner Herberge war ich fremd ...
Ich aber wollte nicht auffallen,
wollte vermeiden, daß sie mich als Fremden erkennen ...
Deshalb kleidete ich mich mit ihren Gewändern.

Der Königssohn macht sich unkenntlich und kleidet sich in die Gewänder der Ägypter. Er ißt und trinkt und geht und liebt wie sie. Er wird ein Hiesiger und ein Heutiger, und er wird sich selber unkenntlich. Er weiß nicht mehr, daß er einer aus einem anderen Land ist; einer mit anderen Absichten und mit einem größeren Versprechen. Er hat vom Trunk des Vergessenes getrunken, und seine Ägyptisierung ist vollständig. Nichts unterscheidet ihn mehr, keine Herkunft, kein Auftrag und kein Versprechen. Er fiel in den tiefen Schlaf des Vergessens.

Ich trank von ihrem Trunk des Vergessens,
und ich aß von ihrer verderblichen Speise.
Da vergaß ich, daß ich ein Königssohn bin,
vergaß meinen Auftrag, vergaß auch die Perle.

Als man davon im Lande des Lichts erfuhr, herrschte Bestürzung. Die Eltern und die Edlen des Landes schrieben einen Brief an den Königssohn:

Kunde von deinem Vater, dem König der Könige!
Kunde von deiner Mutter, der Herrscherin des Ostens!
Erwache und stehe auf von deinem Schlaf! …
Erinnere dich: du bist ein Königssohn!
Erinnere dich der unvergleichbaren Perle!
Erinnere dich des Auftrags, den du bekamst!
Erinnere dich des Kleids aus purem Glanz …
mit dem du geschmückt werden wirst.
Unvergessen wird dein Name sein,
im Buche der Helden wird man ihn lesen.

Der Brief wurde zum Adler und flog zum Königssohn. Dort
wurde er zu einer Stimme, die ihn aus seinen Todesträumen
weckte. Er erinnerte sich der Worte, die in seinem Herzen
eingeschrieben waren, er verglich sie mit denen des Briefes,
und er sah, daß sie übereinstimmten. Das Gewand der
Knechtschaft streifte er ab, er fand die Perle, und mit Hilfe
des Briefes kam er nach Hause in seine eigentliche Heimat.
Im Brief kommt die große Kunde aus dem anderen Land.
Erst mit Hilfe des Briefes sieht er sich um, erkennt er, wer er
ist und wem er dient. Fünfmal fordert der Adler-Brief ihn
auf. Erinnere dich!

Erinnere dich: du bist ein Königssohn!
Erinnere dich an die Perle!
Erinnere dich des Auftrags!
Erinnere dich des Kleids aus purem Glanz!
Erinnere dich des Mantels,
mit dem du geschmückt werden wirst!

Wir haben die großen Themen der jüdisch-christlichen Tradition in jenem Brief:

Macht euch nicht gleich der Gestalt dieser Welt (Röm 12,2)
Wach auf, der du schläfst, und steh auf von den Toten!
(Eph 5,14)
Der Name, der eingeschrieben ist ins Buch des Lebens
(Apk 17,8)

Wer einen solchen Brief aus der Ferne hat, der könnte am
Weiterschlafen gehindert werden. Er könnte aufwachen und

sehen, wo er ist und wem er dient. Die Schärfe seines Blicks kommt daher, daß er nicht nur ein Heutiger ist. Er ist auch ein Gestriger mit der alten Erinnerung, er ist auch ein Morgiger mit seinem Versprechen. Die Gegenwart, die nur sich selbst kennt, ist das pure Gefängnis. Um es mit Reb Falik zu sagen: Wer keine Geschichten erzählt und keine Geschichten hört, lebt nur für den Augenblick, und das ist nicht genug.

Ich möchte im letzten Teil über uns Christen nachdenken, die die Geschichten hüten in der Zeit des Vergessens. Es fällt leicht, die alten Geschichten zu erzählen, wo man sie kennt und wo sie selbstverständlich zum Lebenshorizont gehören. Es fällt leicht zu erzählen, wo wir von vornherein Einverständnis und Zustimmung erwarten können. Zum gegenwärtigen Selbstverständnis gehört noch die Ethik und die Moralität der alten Geschichten, aber diese selber sind kaum im Bewußtsein. Die Frage ist, wie lange sich dieses Ethos ohne das Erinnerungssystem hält, das es hervorgebracht hat. Was macht die Tatsache, daß das Christentum eine Fremdsprache in diesem Lande ist, mit uns? Wir werden unsicher. Das ist zunächst eine wundervolle Befreiung unserer selbst und der Sache, die wir vertreten. Ungestörte Selbstverständlichkeiten verblöden. Es gibt nicht nur die gegenwärtige Form der Abwesenheit des Christentums in der säkularisierten, urbanisierten, individualisierten Welt. Es gibt eine Form der Abwesenheit, die durch totale Anwesenheit zustande kommt. So war es in meiner Jugend. Wir konnten die Qualität der Tradition nicht erkennen, weil wir uns nicht distanzieren konnten; die Erinnerungen waren unser Diktat. Wir wußten nicht einmal, daß wir eine Tradition hatten, weil wir sie für natürlich hielten und weil wir immer schon von ihr überwältigt waren.

Die Unsicherheit kann uns befreien. Wir können aber durch die gegenwärtige Situation auch so verstört sein, daß wir das Gespräch mit der alten Tradition aufgeben und unsere Geschichten verschweigen. Ich zitiere gerne einen Brief, mit dem ich zu einer Gedenkveranstaltung in einem großen evangelischen Werk eingeladen wurde: »Die Veranstaltung soll nicht die Form eines Gottesdienstes haben. Ihr Beitrag soll aber auch kein Vortrag sein, sondern eher eine Meditation oder Betrachtung. Es soll aber auch keine Predigt sein. Für das Ende haben wir einen gebetsartigen Abschluß vorgesehen.« Wessen Problem ist dies? Das der Leute, die zu dieser Veranstaltung kommen, aber keinen Gottesdienst wollen? Oder das der Pfarrer, die in ihrer Verunsicherung meinen, die Leute wollten unter keinen Umständen einen Gottesdienst? Ich zitiere dieses Beispiel wegen des Problems der vorauseilenden Selbstverundeutlichung. Könnte es sein, daß unser eigener Glaube der nötigen Deutlichkeit nicht mehr gewachsen ist? Könnte es sein, daß wir eine fatale Strategie entwickeln? Wenn wir undeutlich sind, nimmt niemand Anstoß an uns.

So entwickeln viele die Kunst der Verbergung – im Religionsunterricht, in der öffentlichen Rede der Kirche, in den Medien. Die Sprache verliert ihre Eigentümlichkeit. Sie knüpft weniger an die Befreiungsgeschichten der jüdisch-christlichen Tradition an. Man erkennt manchmal mehr am Tonfall als am Inhalt der Geschichte, daß einer ein Pfarrer ist. Die symbolischen Ordnungen sind schwer geworden, wo sie nicht mehr vom allgemeinen Konsens getragen werden. Die Erinnerungen jener Tradition werden schwer und schöner, wo sie nicht mehr von einem öffentlichen Kanon getragen werden; wo sie nicht mehr nur ein öffentliches Verhängnis sind. In der eigenen Undeutlichkeit aber versagen wir der Gesellschaft das, was sie braucht, die Fremdheit dieser Erinnerung.

Daß unser Glaube unsystematisch und fragmentarisch geworden ist, reinigt ihn. Um so genauer sollen wir das wissen, was wir wissen können. Man kann von uns verlangen, daß wir Auskunft geben können über die Grundgeschichten jener Tradition und daß wir diese Auskunft nicht verschweigen. Man kann von uns verlangen, daß wir nicht tun, was alle tun. Denn wozu braucht man uns, wenn wir tun, was alle tun? Es soll ersichtlich sein, daß das, was wir reden und tun, aus dem Grundgespräch mit jener alten Erinnerung kommt. Es kommt für uns nicht darauf an, daß wir vor Glauben glühen, sondern daß wir Boten dieser alten Nachricht sind, ohne die die Menschenwürde beschädigt wird. Ich möchte noch einmal die ästhetische Kategorie gebrauchen: Es ist

schön, zu dieser Kirche zu gehören, die aus Geschichten von
der Rettung des Lebens gebaut ist; aus Geschichten vom
Sturz der Tyrannen, von der Heiligkeit der Armen, von der
List der Gnade und von der Belebung der Totengebeine. Es
ist schön, daß diese Geschichten nicht nur bewahrt werden
in den Herzen von einzelnen, sondern in einer Institution,
die langfristiger ist als die existentielle Kraft von einzelnen.
Dort stehen die Bücher. Dort werden sie gelesen. Dort tau-
schen sich Menschen über sie aus. Sie ist alltäglich-unaufre-
gend – die Graubrotkirche mit ihrer Graubrotverwaltung;
mit ihren Graubrottheologen, mit ihren Graubrotgottes-
diensten. Und doch ist es der Hort der Anarchie und der
Schönheit, weil sie in ihren Überlieferungen eine Sprache
von der Schönheit hat. Das Land, in dem keiner mehr beleidigt und getreten wird, kann erst dort beginnen, wo es schon
in der Sprache vorweggenommen und vorwegfabuliert
wurde.

Anmerkungen

[1] R. G. Binding (Hg.): Die Blümlein des heiligen Franziskus von Assisi,
Frankfurt/Main 1973, S. 7.
[2] J. B. Metz: Die Verantwortung der Theologie in der gegenwärtigen Krise
der Geisteswissenschaften, in: H.-P. Müller (Hg.): Wissen als Verantwortung. Ethische Konsequenzen des Erkennens, Stuttgart/Berlin/Köln
1991, S. 124.
[3] M. Halbwachs: Das kollektive Gedächtnis, Frankfurt/Main 1985.
[4] N. Elias: Über die Einsamkeit der Sterbenden, Frankfurt/Main 1982,
S. 57.
[5] J. Assmann: Das kulturelle Gedächtnis. Schrift, Erinnerung und politische
Identität in frühen Hochkulturen, München 1992, S. 130.
[6] I. B. Singer: Der Geschichtenerzähler, München 1983, S. 24.
[7] O. Betz/T. Schramm (Hg.): Perlenlied und Thomasevangelium. Texte aus
der Frühzeit des Christentums, Zürich/Einsiedeln/Köln 1985, S. 19–33.

Rituale als Lebensinszenierungen

»Als Erben der protestantischen Tradition sind wir darin erzogen worden, allem Formalen zu mißtrauen und nach spontanen Ausdrucksformen zu suchen, so wie die Schwester des Pfarrers, die Mary Webb sagen läßt: ›Selbstgebackene Kuchen und selbstgemachte Gebete sind immer die besten.‹«[1]

Ich versuche, in einigen Sätzen zu umschreiben, was die Sozialanthropologin Mary Douglas unter diesem Erbe der protestantischen Tradition versteht: Das Wesentliche spielt sich im Inneren des Menschen ab. Die Äußerung in Form, Methode, in Ritual und in gebauten Lebenswelten sind unerheblich und stehen unter Korruptionsverdacht. Alle Wichtigkeiten sind vom Subjekt allein geschaffen und verantwortet. Überlieferungen und Verallgemeinerungen entfremden das Subjekt von sich selber. Zu Hause ist man nur bei sich selbst, beim eigenen Gewissen, bei den eigenen Gedanken und bei den eigenen Gesten.

Ich diskreditiere dieses Verständnis vom Subjekt nicht. Denn die Skepsis gegen die »Äußerlichkeit«, gegen die gebauten und verhängten Welten, gegen die Formen und die inneren Bilder, die mit ihnen eingeübt wurden, war berechtigt, und sie hat die Freiheit befördert. Die Verwerfung von Formen und Ritualen war ebenso notwendig, wie sie auf Dauer ungenügend ist.

Ich möchte dieser Auffassung eine andere gegenüberstellen: Der Mensch lebt nicht nur von innen nach außen, sondern auch von außen nach innen. Das heißt: Die Innerlichkeit der Menschen, ihr Selbstbewußtsein, ihre Hoffnung, ihr Gefühl vom Zusammenhang und Sinn des Lebens findet sich nicht nur innen als reiner Geist, als Eigenbesitz und Eigenerwerb. Der Mensch liest seine Innerlichkeit auch am Außen ab; an den Symbolen, Zeichen und Überlieferungen, die seine Lebenslandschaft prägen; an den Regeln, Ritualen, Rhythmen und Methoden, die er seinem eigenen Leben gegeben hat und die ihn von außen nach innen prägen. Der innere Lebensglaube lebt vom Rhythmus, Regel und Lebensfigur gewordenen äußeren Glauben. Formen, Figuren sind nicht nur sein äußeres und entbehrliches Gewand; sie sind die Aufführung und das Spiel der Innerlichkeit, ohne die diese Innerlichkeit und der Geist blaß und kraftlos bleiben. Ich möchte in einigen Sätzen und Beispielen die Kraft der Form und des Rituals behaupten.

1. In der Form grenzen wir Welt ein und werden so erst fähig, in ihr zu leben

Mein Beispiel: Ich habe immer wieder mit Studierenden zu tun, deren Depression, Arbeitsunfähigkeit oder die Unfähigkeit, Zeit zu gestalten, gerade vor ihrem Examen aufbricht. Es ist wie ein Zusammenbruch aller Lebenskonturen. Sie können sich die Zeit nicht einteilen. Sie verschieben es, zu Bett zu gehen; sie verschieben es, aufzustehen. Sie können Abmachungen nicht einhalten. Sie können weder arbeiten noch die arbeitsfreie Zeit genießen. Sie versinken in Formlosigkeit. Sie verlieren Kontur und Struktur. Solche Studierende besuchen mich nun einmal in der Woche, und wir treffen bescheidene Abmachungen, die eine Figur und eine Form in den ungegliederten Ablauf der Zeit bringen. Wir ritualisieren den Alltag. Wir machen zunächst ab, wann der Student aufsteht. Wir verabreden, daß er einmal am Tag ein Essen ißt, das als Mahl gekennzeichnet ist; das heißt, daß er nicht nur aus dem Kühlschrank ißt, wenn er Hunger hat. Wir verabreden, daß er zu bestimmten Zeiten des Tages ein Gedicht liest, einen Spaziergang macht; daß er sich bescheidene Lesezeiten vornimmt. So bauen wir in Wochen Form an Form, bis das Leben wieder eine erkennbare Figur hat. Diese Figur baut den Menschen von außen nach innen. Er findet sich bezeichnet und gegliedert, und das äußere Ritual wird zu einer inneren Ordnung; er fühlt sich nicht mehr im Meer der ungegliederten Zeitlosigkeit. Dieser Mensch läßt sich auf Grenzen ein: Tag und Nacht werden unterschieden, Arbeit von Freizeit, Sonntäglichkeit von Alltäglichkeit, Arbeitsecke in seinem Zimmer von der Freizeitecke. Zeit und Ort werden wieder erfahrbar durch ihre Gliederungen.

Diese Ritualisierung schärft also die Lebensaufmerksamkeit, indem sie einen Rahmen setzt. »Die abgegrenzte Zeit oder der abgegrenzte Ort ruft eine besondere Erwartung hervor, genauso wie das häufige ›Es war einmal‹ eine Stimmung schafft, in der man phantastischen Erzählungen zugänglich ist.«[2] Vom Ritual geht eine geheimnisvoll-konzentrierende Kraft aus. Form und Ritual schaffen Realität, die ohne diese nicht zu haben ist. Sie holen uns ans Tageslicht. So wie es eine Versklavung des Menschen durch die falsche Formel und das Zeremoniell gibt, so gibt es auch die Versklavung durch die Formlosigkeit und die Gefangenschaft im unge-kennzeichneten Leben.

2. Die Form reinigt und konturiert unsere Lebenswünsche

Ich war einige Jahre Vertrauensdozent einer Studienförde-rung. Im Dezember 1983, am Tag des Raketenstationierungs-beschlusses im Bundestag, waren die Studierenden jener Stif-tung bei mir zu Gast. Eben hatten sie erfahren, daß Raketen stationiert werden sollten. Sie empfanden es als Abstimmung über ihre eigene Zukunft und waren voller zerstörerischer Wut. Einige hatten getrunken. Der Raum knisterte von unbe-nannter, diffuser und destruktiver Hoffnungslosigkeit. Der Ausgang der Wahl hatte ihnen die Sprache verschlagen. Nur hier und da durchbrachen Satzfetzen die brütende Stummheit. Unter ihnen war eine Studentin, die ihre Flöte dabei hatte. Sie sagte: »Ich werde euch jetzt ein Stück von Debussy spie-len!« Sie erklärte den Inhalt des Stückes: Der Gott Pan ver-folgt eine Nymphe. Diese flieht vor ihm und kommt an ei-nen Fluß. Das Schilf hilft ihr und verwandelt sie in ein Schilf-rohr. Der stürmende Gott fährt über das Schilf. Er erkennt die Nymphe nicht, und diese ist gerettet. Dann spielte die Studentin das Stück, und eine fast handgreifliche Verwand-lung war zu spüren. Die diffuse und ungestaltete Wut wurde zu Zorn, also zu einer würdigen Fähigkeit des Menschen. Die Gestaltung und die Aufführung der Gefühle in der Mu-sik gab ihnen ihre produktive Kraft und machte die pure Stummheit zu einem Lied.

Die Klarheit der Lebenswünsche und Lebensabsichten hängt auch davon ab, ob man sie ins Spiel bringen kann; ob man ihnen eine Form und einen Gestus geben kann. Der Geist ohne Geste und das Leben ohne Lebensliturgie bleibt undeutlich und vom Untergang bedroht. Überall da, wo Menschen etwas leidenschaftlich wollen, werden die inneren Wünsche zu einer äußeren Figur, wird die Seele zu einer nach außen gesetzten Landschaft, in der sie sich wiedererkennt und gestärkt wird. Die richtigen Inhalte sind nicht genug. Man braucht die ständige Aufführung und Gestaltung dieser Inhalte. Sie werden gestärkt, indem man sie spielt und äußert.

3. Die Form drängt in die Sozietät und stärkt sie

Wiederum ein Beispiel: Etwa ab 1980 eskalierte der Protest in Gorleben. Die Gegner der Regierungspläne protestieren nicht nur in rationaler und argumentativer Arbeit. Sie tun etwas, was nicht notwendig und zugleich unerläßlich ist: sie spielen und dramatisieren. Sie inszenieren im Unglück und in der Bedrohung schon das glückende Leben. Sie rufen etwa in feierlicher Proklamation die »freie Republik Wendland« aus. Sie bauen auf dem Bohrplatz, von dem sie wissen, daß er bald geräumt wird, ein »Dorf« mit Kulturhaus und Kirche. Es gibt Pässe für »freie Wenden«.
Diese Rituale und Dramatisierungen soziieren Menschen und machen ihre Absichten zu mitgeteilten und darum zu starken Absichten. Form ist angelegt auf Sozietät. Man macht sich in ihr kenntlich, indem man sich vor anderen kenntlich macht. Für sich alleine würde keiner der Atomgegner hingehen und die freie Republik Wendland ausrufen. Das wäre unsinnig, weil jede Darstellung darauf aus ist, gesehen und gehört zu werden. Indem man aber gesehen und gehört wird, indem man öffentlich wird, bekommt man Bestimmtheit und Gesicht. Das Subjekt kann nicht auf Dauer für sich allein existieren und sich zugleich deutlich sein. Indem es sichtbar wird, bekommt es Gesicht. Wer einmal eine solche Szene wie die in Gorleben mitgespielt hat, weiß, daß

es um viel mehr geht als um eine Zweckverbundenheit. Menschen kommen im Drama zusammen, mehr als sie nur in reiner Kampfgenossenschaft zusammen sind.

Warum aber leistet dies alles nicht die reine Sprache? Warum die spielerische Inszenierung? Vielleicht, weil die Lebenshoffnungen der Menschen nicht mit dem Argument auskommen. Das Ritual durchstößt den Horizont der reinen Sagbarkeit. Es sagt etwas, was man sich eigentlich nicht sagen kann, nämlich: Es wird gelingen! Das Leben wird gut ausgehen! Eine solche unmögliche Behauptung stellen die Atomgegner bei Gorleben auf, indem sie ein »Dorf« bauen, von dem sie doch wissen, daß es morgen abgerissen wird; indem sie in einem symbolischen Akt einen Quadratmeter jenes Dorfes erwerben, ein Stück ungekränkter Erde, die es eigentlich gar nicht gibt. Sie vergewissern sich im Spiel, daß das Leben geht, indem sie tun, als ginge es. Das ist eine Sprache, die über jede Sagbarkeit hinausgeht. Es ist das Paradox der Hoffnung. Überall, wo das Leben bedroht ist und die Menschen noch nicht völlig in Apathie erstickt sind, bringen sie sich in Distanz zur eigenen Lage und spielen die Hoffnung für morgen. Es sind Inszenierungen des Lebens, die dieses selber vorantreiben.

4. Die Alltäglichkeit des Rituals bedeutet nicht,
   daß es zu einem leeren Zeremoniell verkommen muß

Vielleicht habe ich bisher zu einleuchtend vom Ritual und der Form als Inszenierungen des Lebens gesprochen. Im Beispiel der Musikstudentin und der Atomkraftgegner in Gorleben waren Lebensinhalt und Lebensaufführung unmittelbar verbunden, und der Inhalt – der bedrohte Friede und die bedrohte Schöpfung – machte die Form einleuchtend und authentisch. Die Form wird nicht formelhaft empfunden, weil der Inhalt sie unmittelbar rechtfertigt.

Wie aber geht es uns mit den alltäglichen Ritualen, die existentiell keineswegs immer gefüllt sind? Ich denke an die alltäglichen Höflichkeitsformen; an die rituelle Gliederung des Alltags, zu der wir uns vielleicht entschlossen haben; an Formen also, in denen wir uns nicht unmittelbar und spontan verhalten; die eher Methoden und Übungen sind als unmittelbare Expression. Dazu wiederum ein Beispiel: Ich stelle mir einen Menschen vor, der seinem Leben eine methodisch-spirituelle Gestalt gegeben hat in einem bescheidenen Meditationsritual. Er liest morgens zu festgesetzter Zeit langsam und in Ruhe ein Gedicht. Abends läßt er sich zehn Minuten meditativer Zeit, um ein Bild zu betrachten. Er entkommt den Fängen der Zwecke und verhält sich poetisch. Aber es ist eine karge Poesie, denn sie hat viel mit Ordnung und relativ wenig mit Spontaneität zu tun. Er betrachtet sein Bild nicht am gewöhnlichen Ort seiner Arbeit, am Schreibtisch oder am Küchentisch. Er hat für seine Meditation eine besondere Ecke, zu der er geht. Vielleicht steht dort eine Kerze oder liegt ein Stein dort, den er bei seiner Übung in der Hand hält. Was macht dieser Mensch, und was rechtfertigt, was er tut? Ist er nicht in der Pünktlichkeit, in der Regelmäßigkeit und in der Treue, in der er dies tut, sich selbst enteignet in die reine Methode? Vielleicht ist er nicht gestimmt zu seiner Meditation und hat keine Lust zu seinem Gedicht, und trotzdem unterläßt er seine Übung nicht.

Zunächst besteht er nicht auf sich selbst. Er versucht nicht, in Übereinstimmung zu bleiben mit seiner augenblicklichen Gestimmtheit. Er vollzieht ein Ritual, weil es Zeit dazu ist, nicht weil ihm danach zumute ist. Er entfernt sich also von sich selbst und begibt sich in strenge Regeln. Es geht ihm also nicht um die kurzfristige Echtheit des Augenblicks und der erfüllten Stunde. Der Mensch baut sich in der Treue zu seiner Übung von außen nach innen. Er gibt seinen Lebensabsichten eine langfristige Gestalt. Nicht das Erlebnis des Augenblicks rechtfertigt die Übung. Er läßt seine Meditation nicht, wenn er im Augenblick nichts erfährt und leer bleibt. Dieser Mensch bildet sich in der Regelmäßigkeit und in der Wiederholung seines Rituals. Diese Art von Bildung ist nun einmal ein langfristiges Unternehmen. Seine tägliche Meditation ist ein Mittelding zwischen Übung und Ernstfall, vielleicht zu vergleichen dem Schwimmenlernen. Wenn ich schwimmen lerne, tue ich etwas für morgen, für den Tag also, an dem ich endlich im großen Wasser mit den Wellen spiele. Aber in die Übung des Augenblicks drängt auch immer – oder wenigstens meistens, oder wenigstens dann und wann – ein Stück der Lust und der Fülle von morgen herein, wo ich endlich schwimme und wo ich die Stöße brauche, die ich gelernt habe. So ist in dieser Übung ein Stück Eigentliches und ein Stück Fremdes.

Ein Spezialfall der Form soll besonders beachtet werden: die Zeitform; der Rhythmus, der ja ritualisierte Zeit ist. Es soll geschehen an einem wichtigen Beispiel der Artikulation von Zeit am Sonntag. Ich erinnere mich an die Sonntage meiner Kindheit in einem kleinen und armen katholischen Dorf. Das Leben war mühselig, und die Leute haben viel gearbeitet. Neben der Arbeit in der Fabrik hatte jeder eine kleine Landwirtschaft, zwei Ziegen, Hühner und Schweine. Die große Unterbrechung von der Mühsal des Alltags war der Sonntag. Er wurde vorbereitet: samstags wurde der Stall gemistet, das Haus geputzt, die Straße gefegt und die Kinder wurden gebadet. Die Häuser dufteten vom frisch gebackenen Kuchen. Das schönste vom Sonntag war der Samstagabend, wenn alles frisch und sauber war und wenn wir das frische Weißbrot in unsere Honigmilch tunkten. Am Sonntag gingen alle selbstverständlich in ihren Sonntagskleidern zur Kirche, die Kinder nachmittags zur Andacht. Dann kam für uns Kinder, oft auch für die Erwachsenen, die nichts anderes gelernt hatten als zu arbeiten, die langweilige Zeit des Sonntagnachmittags.

Ich will nach der Humanität fragen, die in dieser Art von Zeitbegehung liegt. Zunächst ganz formal gesagt: Man lebte in einer Welt gegliederter Zeiten. Nicht immer war Sonntag, nicht immer gab es Kuchen, nicht immer hat man gute Kleider angehabt. Es gab also hervorgehobene Zeiten. Zeiten waren unterscheidbar und hatten ihre Rhythmen. Die Beachtung der Zeit macht uns kenntlich. Man wird sich selber deutlich durch Markierungen und Ordnungen. Dazu gehört die Markierung in der Zeit und mit der Zeit. In allen spirituellen Entwürfen hat man sich der Zeit und ihrem Wechsel angefügt. Man hat den Morgen und den Abend beachtet; man hat den Rhythmus der Wochen, Monate und Jahre beachtet. Menschen haben sich in der Einhaltung von Zeiten kenntlich gemacht. Der Rhythmus heilt, weil er vergewissert. Die Erfahrung der Wiederkehr der Wochen, Monate und Jahre sagt mir, daß die Zeit nicht zu Ende ist und daß ich nicht in panischer Letztlichkeit lebe. Die Rhythmen waren immer Gegenstand der öffentlichen Feier, das ist der Sinn vieler Feste. Diese Feste sind öffentliche und bewußte Wahrnehmung des Rhythmus und der Wiederholung. Es sind also soziale Vergewisserungen, daß das Leben wiederkommt und daß die Hoffnung nicht gestorben ist.

Der Sonntag war, wo er beachtet wurde, das große Vorspiel der Freiheit. »Knechtliche Arbeiten« durften nicht verrichtet werden. Wenigstens an diesem Tage also sollten die Menschen nicht Sklave ihrer Situation sein. Der Vorschein der Freiheit, die allen zugedacht war, lag auf diesem Tag. Auch das Vieh sollte nicht arbeiten. Wir können auf den Sonntag übertragen, was der jüdische Theologe Abraham J. Heschel (1907–1972) über den Sabbat gesagt hat: »Was ist der Sabbat? Eine Erinnerung an aller Menschen Königswürde, eine Aufhebung der Unterscheidung von Herr und Knecht, reich und arm, Erfolg und Fehlschlag. Den Sabbat feiern bedeutet, unsere letzte Unabhängigkeit von Zivilisation und Gesellschaft zu erfahren, von Leistung und Angst. Der Sabbat ist eine Verkörperung des Glaubens, daß alle Menschen gleich sind und daß die Gleichheit der Menschen ihren Adel ausmacht. Die größte Sünde des Menschen ist es zu vergessen, daß er ein Königssohn ist. Der Sabbat ist eine Zusicherung dessen, daß jenseits des Guten das Heilige ist. Das Universum wurde in sechs Tagen geschaffen, aber der Höhepunkt der Schöpfung war der siebte Tag. Die Dinge, die in den sechs Tagen ins Leben gekommen sind, sind gut; aber der siebte Tag ist ›heilig‹. Der Sabbat ist Heiligkeit in der Zeit.«[3]

Eine störrische Größe hatte jene alte Zeit, in der der Sabbat oder der Sonntag beachtet wurde. Die Menschen entzogen sich trotz der Armut und der Kargheit jener Zeit dem Diktat des Funktionierens. Die Zeit, die Kräfte der Menschen und der Tiere lagen brach, sie brachten keinen Profit, sie wurden nicht genutzt. Menschen sagten sich einen ganzen Tag lang, wer sie sind, indem sie sich dem Profit und dem Funktionieren entzogen. Für einen Tag verweigerten sie sich dem Reich der Zwänge. Sie spielten Königssöhne und Königstöchter. Sie wußten nicht nur irgendwie und in irgendwelchen Sätzen von der ihnen zugedachten Würde. In der Beachtung des Sonntags spielten sie diese, inszenierten sie und führten sie auf. Indem sie auf diese Weise die Freiheit vorfabulierten, eigneten sie sich diese an.

Dieser Sonntag aber war nie nur die Negation des mühseligen Werktages. Schon als eine solche Unterbrechung hatte er seine Größe. Menschen gingen an diesem Tag in die Kirche. Sie gingen an einen anderen Ort als den alltäglichen. Sie verhielten sich poetisch, sie beteten und sangen. Es war eine einfache Poesie, wenn sie ihre Gebete sagten und mit zitternder Stimme die Lieder sangen. Aber welche karge Anmut! Sie hörten miteinander im Gottesdienst die Geschichten von der Gerechtigkeit und von der Bergung des Lebens. Welche Humanität – zu singen, zu hören, zu beten, zu ruhen und sich der Gewöhnlichkeit des Alltags zu verweigern!

In der Nähe unseres Hauses wirbt eine Tankstelle: »24 Stunden am Tag und sieben Tage in der Woche geöffnet!« Lange vorher war dieser Satz an amerikanischen Tankstellen zu lesen. Welche Herrschaftsallüre und zugleich welcher Zwang! Ich verfüge über alle Zeit – 24 Stunden am Tag und sieben Tage in der Woche. Kaum merke ich, daß die Zeit zu meinem eigenen Diktat geworden ist – 24 Stunden am Tag und sieben Tage in der Woche. Menschen brauchen außer Produktion und Reproduktion noch eine andere Zeit; eine Zeit zu atmen, zu ruhen und zu träumen. Der Sonntag ist eine Einrichtung, die die Maschinenhaftigkeit des Daseins stört.

Wir kennen für den Umgang mit der Zeit fast nur aktivistische Haltungen, in denen die Zeit fast immer Objekt ist: die Zeit auskaufen, die Zeit benutzen, die Zeit füllen; die Zeit nicht verschwenden oder vergeuden oder vertun. Wir beleidigen die Zeit, indem wir von ihr sagen, daß sie Geld sei. Man kann verstehen, daß Menschen in kargen und armen Zeiten so dachten. Man sollte Zeit nicht vertun, weil Zeit zwar nicht Geld war, aber vielleicht Brot und Überleben. Und doch ist in diesen kargen Zeiten die souveräne Idee vom Sabbat entstanden wie die Freiheit in der Wüste des Zwangs. Wahrscheinlich wird nur dann unsere Lebenslandschaft nicht veröden, wenn wir den Zwängen entkommen, die Zeit besiegen zu müssen. Wir könnten andere Tugenden der Zeit gegenüber lernen, die die Welt bewohnbarer machten. Wir könnten das Warten lernen, die Geduld, die Ruhe, das Lassen und die Gelassenheit. Die Macherhaltungen verwüsten die Zeit und dulden weder Sonntage noch Feiertage, denn diese sind nur ungenutzte Zeiten. Vielleicht ist es Aufgabe der Kirchen, für die Zeiten einzutreten, die sich nicht beweisen und begründen lassen. Produzieren und Profitieren lassen sich begründen, sie lassen sich durch ihre sichtbaren Ergebnisse begründen, durch den Profit und durch das Produkt. Die Zeiten des Betens aber, der Stille, der Passivität können sich vor den Augen der Rechner und Kalkulatoren nicht ausweisen. Sie sind ohne Warum und ohne sichtbare Zwecke wie die Gedichte und die Lieder. Vielleicht kann man in Abwandlung des politischen Slogans sagen: »Wenn das letzte Lied verschollen ist und kein einziges Gebet mehr Platz hat in der verwüsteten Zeit, dann werdet ihr sehen, daß man Geld nicht essen kann.«

Die Kategorien Erfahrung, Echtheit, Spontaneität, Authentizität und Bewußtheit sind überwertig geworden. Ein Ritual scheint erst dann gerechtfertigt, wenn *ich* es bewußt setze, wenn es *meine* Form ist, wenn sie *mich* unmittelbar ausdrückt und wenn ich mit *meiner* ganzen Existenz dahinter stehe; mit dem Zitat von Mary Douglas gesagt: »Selbstgebackene Kuchen und selbstgemachte Gebete sind immer die besten.« Das ist eine Grandiosität, in der das Subjekt in seiner augenblicklichen Gestimmtheit und Verfaßtheit zum Maßstab für alles wird. In diesem Fall hat das Ritual seine sozierende Kraft verloren. Es drückt eben *mich* aus, aber es ist nicht mehr der Gestus von vielen. Vielleicht drückt sich kapitalistische »Anthropologie« in nichts so deutlich aus als in dem Verlangen, daß alles für mich und meine Einzigartigkeit sein muß und alles mich zu einem Einzigartigen machen soll. Es ist die Unglück verursachende Sehnsucht danach, ein Original und ein Unikat zu sein. Auf einer Bierreklame lese ich den Satz, der zutreffen könnte für diese Originalitätssucht: »Wir vergleichen uns nur mit uns selber!« Das aber ist eine trostlose Selbstbeschränkung. Sie verbietet den Trost von außen und den Trost der Fremdheit. Die Menschen werden auf sich selbst geschleudert. Ich vermute, daß die Leiden vieler Menschen in unserer Gesellschaft verursacht oder verschärft werden durch überhöhte Selbstwahrnehmung. Wie ärmere und traditionalere Gesellschaften am Verbot oder an der Unmöglichkeit der Selbstwahrnehmung leiden oder gelitten haben, so leiden wir an der dauernden Überrepräsentation unserer selbst. Wir sind uns allgegenwärtig – ob wir lieben, ob wir krank sind, ob wir allein sind.

Das hat viele Gründe: der Zusammenbruch der Welterklärungen, die Vereinzelung in den Lebenswelten, die größer gewordene Freizeit. Nicht zuletzt aber werfen uns ideologische Zwänge auf uns selbst, die uns die Selbstwahrnehmung, die Exkommunikation alles Fremden und Formalen und die Unmittelbarkeit zu uns selbst als einzige Rettung preisen.

Ich glaube, daß in dieser Lage Formen, Rituale und Rhythmen, die wir nun frei wählen können und die uns nicht einfach verhängt sind, Knotenpunkte sind, in denen wir bei uns sein können und in denen wir nicht ausschließlich bei uns sind. Fremdheit und Heimat knoten sich in ihnen. Sie lassen uns Bewußtheit, und sie nehmen uns Überbewußtheit und falsche Existentialität.

Anmerkungen

[1] M. Douglas: Reinheit und Gefährdung. Eine Studie zu Vorstellungen von Verunreinigungen und Tabu, Frankfurt/Main 1988, S. 84.
[2] A.a.O. S. 85.
[3] A. J. Heschel: God in Search of Man. A Philosophy of Judaism, New York 1978, S. 87.

Den Siegeszwängen entkommen – Ökumene

Die Ökumene der Religionen lebt von der Fähigkeit, den Siegeszwängen zu entkommen. Sie ist die Fähigkeit, anderes Leben sein zu lassen und es nicht im Stich zu lassen. »Seinlassen« und »Nicht-im-Stich-lassen« – aus welchen christlichen Wurzeln könnte diese Attitüde dem Leben gegenüber erwachsen?

Ich nenne ein Grundwort der christlichen Tradition: Gnade. Ich möchte den Sinn dieses Wortes an einigen Versen aus dem 8. Kapitel des Römerbriefes verdeutlichen:

So ist nun nichts Verdammliches an denen, die in Christus Jesus sind, die nicht nach dem Fleisch wandeln, sondern nach dem Geist. Denn das Gesetz des Geistes, der lebendig macht in Christus Jesus, hat mich frei gemacht von dem Gesetz der Sünde und des Todes. Denn was dem Gesetz unmöglich war, weil es durch das Fleisch geschwächt war, das tat Gott und sandte seinen Sohn in der Gestalt des sündigen Fleisches und um der Sünde willen und verdammte die Sünde im Fleisch, auf daß die Gerechtigkeit, vom Gesetz erfordert, in uns erfüllt würde, die wir nun nicht nach dem Fleische wandeln, sondern nach dem Geist. Denn die da fleischlich sind, die sind fleischlich gesinnt; die aber geistlich sind, die sind geistlich gesinnt. Fleischlich gesinnt sein ist der Tod, und geistlich gesinnt sein ist Leben und Frieden (Röm 8,1–6).

Zwei Weltgegenden beschreibt Paulus. Die eine ist das Reich des Todes. Die andere ist das Reich des Geistes. In dem einen Bereich herrscht die Königin Sünde als Weltherrin und als große Sklavenhalterin. Keiner kann ihr entkommen. Das Todesurteil ist über alle gesprochen, die dort hausen. Sie sind nur noch *Somata*, Instrumente jener tödlichen Herrin. Was sie auch planen und tun in jenem Sklavenhaus – es geht verloren. Sie fallen mit ihren besten Absichten in den Tod. In diesem Reich können sie nichts anderes gebären als ihren eigenen Tod.

Paulus beschreibt ein anderes Reich, das Reich des Geistes, in dem die Königin der Zwänge abgesetzt ist. Sie haust noch als Entthronte in der Gegend des Geistes. Sie irrt umher als Erinnerung an den alten Tod, nicht mehr in der Macht des Todes. Die Güte hat den Tod entmachtet. Die Güte hat die Todesurteile zerrissen. Keiner braucht sich mehr selber zu beabsichtigen. Sich selber beabsichtigen hieße, fleischlich gesinnt sein. Das Reich des Geistes, der Freiheit und des Spiels ist gegründet. Wir haben einen Namen, ehe wir uns einen Namen verschafft haben.

Kann man das, was Paulus hier theologisch sagt, übersetzen in eine nicht-theologische Sprache? Ich vermute, daß ein guter theologischer Satz der ist, der sich zertrümmern läßt; der sich zurücknehmen und verbergen läßt in eine menschheitliche Sprache. Ich versuche eine Übersetzung: Der Versuch, sein eigener Lebensmeister zu sein, sich selber zu erjagen und sich durch sich selber zu rechtfertigen, führt in die Zwänge, die Paulus beschreibt. Der Zwang, sich selber zu gebären und sich in der eigenen Hand zu bergen, führt in die Verzweiflung und in den Kältetod. Das, wovon wir eigentlich leben, können wir nicht herstellen – nicht die Liebe, nicht die Freundschaft, nicht die Vergebung, nicht die eigene Ganzheit und Unversehrtheit. Man kann sich nicht selbst beabsichtigen, ohne sich zu verfehlen. Man kann sich nicht selbst bezeugen, ohne der Verurteilung zu verfallen. Gnade ist also nicht der Differenzbegriff zwischen dem großen Gott und dem kleinen Menschen. Gnade heißt die Befreiung vom Zwang, Fabrikator seiner selbst zu sein.

Was aber hat dies mit Ökumene zu tun? Dies: Freiheit und Gewaltlosigkeit sind Formen, in denen sich der Verzicht auf Selbstbegründung zeigt.

Die Freiheit entsteht aus dem Unglauben, den die Gnade lehrt. Sie verbietet uns, daran zu glauben, daß wir die Garanten des eigenen Lebens sind. Nichts ist mehr lebensrettend, nichts ist konstitutiv: weder die eigene Religiosität noch die psychologischen Selbstversuche; weder biblische Wörtlichkeitszwänge noch dogmatische Definitionszwänge; weder Identitätszwänge noch Kontinuitätszwänge. Der Zwang rettet nichts. Diese Freiheit betreibt Entgötzung als ihr wichtiges Geschäft. Ihr ist nichts heilig – außer Gott, nicht der gegenwärtige Staat, nicht die gegenwärtige Kirche, nicht das gegenwärtige Wirtschaftssystem, nicht der gegenwärtige allgemeine Glaube. Freiheit und Skepsis gehen zusammen, und Freiheit und Frechheit sind zwei schöne Schwestern.

Gewaltlosigkeit ist die zweite Tochter der Gnade. Auf sich selber setzen und im Zwang stehen, sich selber zu bezeugen, enthält hohe Anteile an Aggressivität und Gewalt. Ich denke an die nationalen Identitätszwänge. Nationale Selbstexpressivität ist durchweg kriegerisch. Ich zeige, wer ich bin, indem ich aufzähle, welche Schlachten ich geschlagen habe. Ich denke an unsere Städte und an die Namen ihrer Straßen, an die Gneisenau- und Roonstraßen, an die Austerlitz- und an die Tannenbergplätze. Ich denke an die unerläßliche Anwesenheit des Militärischen bei symbolischen Selbstdarstellungen eines Staates: das Begräbnis mit militärischen Ehren, der Empfang eines Staatsbesuches mit militärischem Zeremoniell, der Neujahrsempfang einer Stadt, den in großer Selbstverständlichkeit Kirche und Militär schmücken. Es sind die symbolischen Definitionsmächte. Daß die Gewerkschaften dort vertreten sind, ist viel weniger ausgemacht.

Ich komme später zurück auf die Anthropologie, die das Grundwort Gnade stiften könnte, und zitiere eine andere Tradition, die die Siegeszwänge stören könnte. Sie läßt sich zusammenfassen in diesem Satz: Im Reiche Gottes wird der Feind von heute der Freund und Genosse deines Glaubens sein. Ich möchte dazu eine Stelle aus der Bergpredigt zitieren (Mt 5,38–45):

Ihr habt gehört, daß gesagt ist, Auge um Auge und Zahn um Zahn. Ich aber sage euch, daß ihr nicht widerstehen sollt dem Übel. Sondern: wenn dich jemand auf deine rechte Wange schlägt, dem biete die andere auch dar! Und wenn jemand mit dir rechten will und dir deinen Rock nehmen, dem laß auch den Mantel! Und wenn dich jemand nötigt, eine Meile mitzugehen, so geh mit ihm zwei! … Liebet eure Feinde und bittet für die, die euch verfolgen, damit ihr Kinder seid eures Vaters im Himmel. Denn er läßt seine Sonne aufgehen über Böse und Gute und läßt regnen über Gerechte und Ungerechte.

Dieser Text wird geformt und zitiert gegen Ende des 1. Jahrhunderts in einer Gruppe, der gesellschaftliche Machtmittel nicht zur Verfügung stehen. Es sind bedrängte, manchmal auch verfolgte Jesus-Anhänger. Sie verkünden mit dem Text kein ethisches Prinzip; es ist keine Lebensregel für kleine und geduckte Leute. Der *Grund* der Feindesliebe wird in dem auf den ersten Blick so ärgerlichen Vers 45 genannt: Gott läßt seine Sonne aufgehen über Böse und Gute und läßt regnen über Gerechte und Ungerechte. Dieser Satz klingt zunächst wie der souveräne Gleichmut einer himmlischen Position, vor der Opfer und Täter, Geschlagene und Schläger unerheblich sind. Was aber meint dieser Vers? In einem Gebet des brasilianischen Armenbischofs Helder Camara lese ich folgenden Satz: »Lehre uns, ein Nein zu sagen, das nach Ja schmeckt!«[1] Das Ja im Nein ist die widerlegbare und trotzdem nicht aufgegebene Hoffnung, daß Feinde zu Freunden werden können; daß die Schläger sich bekehren und daß die Nutznießer solidarisch werden können. Gottes Regen über Gerechte und Ungerechte – darin drückt die frühe Gemeinde die Würde der Feinde für morgen aus: für die Zeit, in der sie sich verändert haben und sich von den Versprechungen Gottes nicht mehr ausschließen.

Feindesliebe will die Feindschaft ändern. Der erste Schritt der Arbeit an der Feindschaft der Feinde ist, daran zu glauben, daß Menschen veränderbar sind. »Er läßt regnen über Gerechte und Ungerechte« ist also keine Übereinstimmung in ein höheres und immer schon geltendes Schicksal. Die Hoffnung ist die erste Aktivität bei der Arbeit an der Feindschaft der Feinde. Die Menschen jener frühen Jesusbewegung wollen daran erkannt werden, daß sie die Hoffnung Gottes für die Feinde übernehmen. Dies ist nicht allein Racheverzicht, Widerstandsverzicht oder Selbstverzicht. Es ist der Glaube daran, »daß die Feinde der Gemeinde einen Platz haben sollen in der Lebensgemeinschaft der Gemeinde und in der Königsherrschaft Gottes«.[2]

Die *Art* der Feindesliebe, der Gewaltverzicht, wird in dramatischen Bildern ausgedrückt: die andere Wange hinhalten, den Mantel zu dem Rock geben; zwei Meilen mitgehen, wenn man zu einer genötigt wird; für die Verfolger beten. Es sind Bilder von höchster Aktivität, mit denen der Gewaltverzicht beschrieben wird. Es sind keineswegs Unterwerfungs- und Duldungsgesten, die dem Bösen seinen Triumph lassen. Die Gewaltlosigkeit ist aggressiv: Sie häuft Segen auf den Verfolger.

Dies ist ein ungewöhnlicher und unselbstverständlicher Lebensentwurf: sich nicht gefangensetzen in die eigene Horde; nicht nur die eigenen Geschwister grüßen und nicht nur die eigenen Liebhaber lieben; nicht auf Trennung und Feindschaft als Lebensprinzip setzen. Es ist eine anarchistische Aufkündigung der alten Sprache und eines geläufigen Lebensverständnisses. Die eigenen Leute grüßen und die anderen verachten – das versteht jeder. Auch das bleibt noch im alten Sprachmuster: die Gegenwehr aufgeben und sich klein machen vor dem Stärkeren. Aber segnen, wo man verflucht wird, das ist die anarchistische Sprachstörung und die Aufkündigung der alten Geläufigkeiten. Es ist ordnungswidrig! Mir fallen drei große Kommentare zu diesem alten Text ein: Franz von Assisi, Mahatma Gandhi und Martin Luther King. Es mag sein, daß dies eine immer schon zum Scheitern verurteilte Utopie ist. Das aber ist kein Grund, sie nicht zu denken. Und wie wird eine Welt aussehen, in der sie nicht mehr gedacht wird?

Ich habe bisher an zwei Texten zwei Grundmomente einer Lebensauffassung zu zeigen versucht, die mich lehren, dem anderen Leben und dem anderen religiösen Entwurf anders als mit Gewalt und mit Siegeszwängen zu begegnen. Das eine fasse ich in diesem Satz zusammen: Du mußt dich nicht selber erschaffen und dich benennen, denn du bist genannt, ehe du dir einen Namen gemacht hast. Der zweite Satz: Feindschaft ist kein Prinzip der Lebenseroberung. Siehe in den anderen deine Geschwister von morgen! Welche Haltungen oder Tugenden ergeben sich aus jener Lebensinterpretation? Denn jede Interpretation des Lebens ist ein Verhaltensappell, eine Tugendlehre.

Ich sage es zunächst negativ: Es sind nicht die Fähigkeiten des imperialen Zugriffs, die ich aus dieser Lebensdeutung lerne. Es ist nicht die erbarmungslose Aktivität, die die westliche Welt bis zur Selbstzerstörung gelernt hat. Ich möchte einen Text aus dem Tagebuch des Kolumbus zitieren, der mir wie ein Grunddokument der Neuzeit vorkommt. Er schreibt von dem neu entdeckten Land: »Bäume findet man in tausend verschiedenen Arten, vor allem voll mit Früchten … Sie durchdringen das Ganze mit wohlriechendem Duft … Ich sage dir, die ganze Christenheit wird Geschäfte machen können. Von hier aus könnte man im Namen der heiligen Dreifaltigkeit ebenso viele Sklaven zum Versand bringen … wie Brasilhölzer … Wenn die Auskünfte, über die ich verfüge, zuverlässig sind, könnte man, wie man mir sagte, 4000 Sklaven verkaufen, die einen Wert von 20 Millionen und mehr haben dürften. Auf der anderen Seite würden 4000 Doppelzentner Brasil ungefähr zum gleichen Preise weggehen, so daß man daraus bei oberflächlicher Kalkulation 40 Millionen herausziehen kann, wenn die Sache in Gang gekommen ist.«[3]

Geschäfte machen, Sklaven zum Versand bringen, Brasilhölzer zum Versand bringen, verkaufen, kalkulieren – in diesen Begriffen drückt sich die Kunst des Todes aus, die weiß, wie man das andere Leben nutzbringend behandelt. Toleranz und Verzicht auf Gewalt dem anderen Leben gegenüber ist hier weggewischt durch Interessen. Ich habe dieses Zitat gebracht, und ich nenne das Wort Interessen aus folgendem Grund: Die Ökumene ist nicht nur Achtung und Toleranz der anderen Religionen. Ökumene im moralischen Anspruch bedeutet Gerechtigkeit allem Leben und der ganzen bewohnten Erde gegenüber. Ökumene ist nicht nur der Versuch, Glaubenssätze miteinander abzustimmen. Es ist noch viel mehr der Versuch, den Schutz der Erde miteinander abzumachen.

Die Texte, die ich zu interpretieren versucht habe, legen gegen die imperialen Gesten der Lebenseroberung die Stärke der Passivität nahe. Passivität heißt hier nicht, in schwächlichem Einverständnis geschehen lassen, was geschieht, sondern dem Leben begegnen mit der Kraft der Duldung, des Wartens, des Zulassens und der Hoffnung. Das Leben sein lassen und es nicht im Stich lassen, sich des Lebens erbarmen statt das Leben zu behandeln!

Ich will auf eine Selbstauffassung eingehen, die ich gelernt habe aus den beschriebenen Traditionen und die wie kaum eine andere Ökumene möglich macht. Ich meine die Fähigkeit, sich selbst als endliches Wesen zu begreifen. Verdammt sein nennt Paulus den Zustand dessen, der im Fleische lebt; der seine Hoffnung auf sich selber setzt und der sein eigener Namensgeber ist. Er ist nicht verdammt in irgendeine brennende Hölle. Er ist verdammt zu sich selber. Mehr Güte hat das Leben nicht für ihn, als er sich selber schaffen kann. Er leidet an der Krankheit, immer Herr der Lage und immer alles sein zu müssen. Er kennt die Gnade der Endlichkeit nicht. Unter Endlichkeit verstehe ich nicht das Bewußtsein der eigenen Nichtigkeit, sondern das gelassene Wissen, daß ich nicht der Garant der Welt bin. Ich bin nicht der Schöpfer und der Erzeuger des Lebens, weder meines eigenen noch des Lebens der anderen. Ich bin Zeuge des Lebens. Mit Gott kann ich das Leben wärmen. Aber ich bin nicht sein Grund, denn es ist schon gegründet. So kann ich Fragment sein. Ich muß nicht alles wissen, ich muß nicht alles durchschauen. In mir muß nicht alle Wahrheit zu finden sein. Ich kann Fragment sein, und ich kann zugeben, daß an meinem Wesen die Welt nicht genesen muß. Ich kann mir die Freiheit nehmen, nicht absolut zu sein – eine Lebenserleichterung für mich selber, denn ich bin von der Last der Einzigartigkeit befreit; ein Lebensraum für andere Wahrheiten, andere Lebensentwürfe und andere Sprachen der Hoffnung. Ich bin einer unter vielen, meine Gruppe ist eine unter vielen, mein Land ist eines unter vielen, das drückt nicht meinen Mangel und meine Geringfügigkeit aus. Alle Lebensdialekte stammen von der einen Grundsprache des Lebens. So sind sie beides: sie sind *anders* als ich, und ich kann ihnen ihre Andersheit lassen; sie sind mir *gleich*, denn wir haben den gleichen Ursprung im Grund des Lebens. Ich brauche also andere Lebensentwürfe, andere Hautfarben und andere Religionen nicht zu meinem Opfer zu machen. Es sind meine Geschwister – Menschen *wie* ich und Menschen *anders* als ich.

Das Bewußtsein der eigenen Endlichkeit als Freiheitsbewußtsein, die Gelassenheit und die Gewaltlosigkeit dem anderen Leben gegenüber stammen aus der Gewißheit, daß man selber *nicht nichts* ist; daß die Güte einen ins Leben gerufen und beim Namen genannt hat. Ich vermute, daß Ökumene nur da gelingt; daß eine Sprache über die eigene

Gruppe und über das eigene Land hinaus nur da gelingt, wo man sich seiner selber halbwegs gewiß ist. Ich meine damit nicht, daß wir die zwanghafte Eindeutigkeit, die Überklarheit und die Ambivalenzlosigkeiten einer alten und geschlossenen Welt brauchen. Aber man muß wissen, wo man herkommt, welche Lebensoptionen man hat, welche Zukunft man sich wünscht. Vielleicht gibt es eine hinfällige Ökumene, die aus resignativer Selbstschwäche entsteht; die aus dem Bewußtsein entsteht, es rentiere sich nicht, gegen etwas zu sein, weil man sich selbst verschwommen ist und weil man verzweifelt ist an der Erkennbarkeit der Wahrheit. Eine auf andere wirklich bezogene, eine dialogische und starke Ökumene setzt Lebensgewißheit voraus; setzt voraus, daß man sich selber kenntlich ist. Zur dialogischen Ökumene gehören Partner, die voneinander verschieden sind, die Eigentümlichkeiten haben und deren Grenzen erkennbar sind. Der symbiotische Wunsch, alle Grenzen niederzureißen, ineinanderzufließen unter Verleugnung aller Unterschiede, zerstört die Dialogfähigkeit. Ein Dialog mit einem Buddhisten, der als solcher nicht erkennbar ist oder der gar als Vorbereitung auf den Dialog seinen Buddhismus abgestreift hätte, würde mich nicht interessieren. Ich könnte ihm nicht einmal glauben. Man muß jemand sein, um sich zu jemand verhalten zu können. Auch das freundlichste Un-Wesen ist in der Gefahr, ein Unwesen zu werden für die anderen. Das sehen wir in Deutschland bei der neuen Gewalt. Sie ist sicher auch selbstdefinitorisch: man sagt sich seine Einzigartigkeit; man sagt sich, wer man ist, indem man andere zum Opfer macht. Auf diese expressive Gewalt verzichten und abrüsten kann man nur, wenn man weiß, wer man ist.

Ich gehe immer wieder auf den paulinischen Gedanken von der Gnade zurück: Ich bin gerufen, also bin ich. Ich bin nicht alles, aber ich bin ein lebendiger Teil von allem. Aus dieser Gewißheit müßte man eines können, was zur Ökumene gehört: streiten. Ökumene heißt nicht die geglückte Selbstliquidation der einzelnen Partner in ein Allgemeines. Wir sollen nicht in ein blasses Allgemeines von Gesinnung, Expression und Lebensauffassung verschwimmen, sondern jedem soll zu seiner geläuterten Eigentümlichkeit verholfen werden. Ökumene heißt nicht nur, daß ich geduldet bin mit meiner Wahrheit, sondern daß ich nicht im Stich gelassen werde von den anderen mit ihrer Wahrheit. Ich bin Fragment, ich weiß etwas, aber nicht alles. Das aber heißt, daß ich die Korrektur und die Ergänzung durch die fremde Wahrheit brauche. Ökumene ist, wenn sie nicht verzweifelt und wahrheitsdefätistisch ist, dialogisch; sie sucht den anderen auf, sie lernt und lehrt. Die Wahrheit entsteht im Gespräch der Geschwister. Die Einheit ist das Ziel der Ökumene. Aber es kann keine Einheit unter Ausschluß der Wahrheit geben. Die Verzweiflung an der Erkennbarkeit der Wahrheit kann nicht ökumenische Toleranz sein im würdigen Begriff des Wortes. Sich sowohl für wahrheitsfähig als auch für irrtumsfähig halten; die anderen sowohl für wahrheitsfähig als auch für irrtumsfähig zu halten, das ist eine Eigenart der Ökumene. Wo man ins Gespräch kommt, das heißt wo die Wahrheiten und die Irrtümer aufeinanderstoßen, da gibt es Auseinandersetzung, da gibt es Streit. Der Streit ist ein Mittel der Wahrheitsgewinnung, wo Menschen ihn austragen, die wissen, wer sie sind und die strikt auf Gewalt verzichten. Wir leiden nicht nur an der Intoleranz. Wir leiden auch an den Harmoniediktaten, an Einigkeitssüchten, die die Wahrheit vernachlässigen. Mit Wahrheit meine ich nicht hauptsächlich satzhaft-dogmatische Richtigkeiten, sondern eine Lebensaufmerksamkeit, die sich auf die Hauptfragen richtet: wer schlägt, und wer wird geschlagen, und wer sieht zu, wie einer schlägt? Wer profitiert, wer ist Opfer, und wer schweigt, wenn einer Opfer wird? Der Streit verträgt das Licht der Öffentlichkeit, wo auf Gewalt verzichtet wird.

Ich rede in einem letzten Teil speziell über die christliche Ökumene. Vor einiger Zeit gab mir eine Zeitschrift aus Österreich folgendes Thema auf: Mit brennendem Herzen die eine Kirche wollen.

Ich hatte einige Fragen an dieses Thema: Will ich denn die *eine* Kirche im Sinne der Einheit der Kirche? Ist sie mir so wichtig, daß ich sie mit brennendem Herzen will? Und vor allem diese: wer redet mir da ein, die eine Kirche sei noch nicht da? Vielleicht reiben wir uns eines Tages die Augen wie die Jünger nach dem Brotbrechen in Emmaus und sagen:

Brannte nicht unser Herz? War nicht schon lange da, was wir schmerzlich suchten – die eine Kirche? War sie nicht da in dem einen Herrn und Bruder, der sie stärkt und tröstet? War sie nicht da in Oscar Romero und in Martin Luther King und in ihrer Sehnsucht nach Gerechtigkeit? Ist sie nicht in uns, die wir in den verschiedenen Dialekten des Glaubens die Bibel lesen, die Geschichten der Tradition hören und die Lieder der Toten singen? Nein, der Skandal ist nicht, daß die eine Kirche noch nicht da wäre. Der Skandal ist die Behauptung, die Kirchen seien getrennt. Darum dürfe man nicht das Abendmahl zusammen nehmen; darum war bis vor wenigen Jahren jegliche Form des gemeinsamen Gottesdienstes verboten. »Communicatio in Sacris« nannte man dieses »Verbrechen«. Darum solle man möglichst nicht interkonfessionell heiraten. Der Skandal ist diese dreiste Behauptung, von den Kirchenleitungen und Theologen aufgestellt und von vielen in der Kirche geglaubt. Der Skandal ist das Verbot des gemeinsamen Mahles. Der Skandal ist der Gehorsam, in dem Menschen diesen Verboten folgen.

Was trennt die Kirchen eigentlich in ihrem Glauben außer den Trennungserklärungen? Vielleicht sollte man zunächst die leichtere Frage stellen: Was trennt die Kirchen nicht? Die Kirchen sind nicht getrennt durch die Verschiedenheit der Spielarten des Glaubens, die sich in ihren Traditionen entwickelt haben. Die einen bezeichnen in sieben Sakramenten, die anderen in zwei Sakramenten das Heil Gottes. Na und? Die einen betonen die Kraft Gottes, die anderen notieren auch die Kraft des Menschen. Na und? Die einen sind bilder- und expressionsfreudig, die anderen sind bilderskeptisch und wortfreundlich. Na und? Es sind verschiedene Begabungen der Kirchen, die in verschiedenen historischen Situationen gewachsen sind und den jeweiligen Kirchen ihr eigenes Gesicht geben. Warum sollte dies die Trennung der Kirche bedeuten? Warum sollte diese Verschiedenheit verschwinden? Die Einheit der Kirchen in der Einheit der Glaubensformulierungen und der Glaubenstraditionen zu sehen, das wäre etwa so, als wollte ich die innere Einheit und die Herzlichkeit einer Familie daran erkennen, daß sie alle die gleichen Tirolerhüte tragen. Was wäre das für eine Zerstörung der Poesie des Glaubens, wenn zwischen Tokio und Lima, wenn es von Augustinus bis Rahner nur eine Formulierung des Glaubens, nur eine Art der Expression und der Geste für diesen Glauben gäbe. Diese Einheit der Kirchen kann doch niemand wollen, man muß sie mit brennendem Herzen ablehnen. Denn sie wäre die Zerstörung der Wahrheit des Glaubens. Es wäre der zentralisierte und magazinierte Glaube, zwischen dessen Beton keine Blume mehr wächst. Was wäre es ein Verlust, wenn die religiöse Landschaft so vereinheitlicht wäre, daß die Theologien, die Riten, die Frömmigkeitsstile der Orthodoxen, der Lutheraner, der Katholiken, der Reformierten nicht wiederzuerkennen wären!

Bedeutet es aber nicht einen Verzicht auf die Wahrheit des Glaubens, wenn sie nicht mehr in einer Gestalt von Kirche und Tradition greifbar ist? Ist es nicht ein Plädoyer für Beliebigkeit und für die Resignation der Wahrheit gegenüber? Es ist ein Verzicht auf die unmittelbare und irrtumsfreie Greifbarkeit der Wahrheit. Die Wahrheit spielt sich ab zwischen den Begabungen und den Beschränkungen der Konfessionen und Einzelkirchen. Die Wahrheit ist ein Gespräch. Sie ist nicht gebunkert in dem Depot einer Kirche. Sie wird gefunden, indem sich die Begabungen und die Schwächen der Konfessionen und der verschiedenen Traditionen aneinander reiben. Und so ist vielleicht gerade die Verschiedenheit und das Ausspielen der Verschiedenheit in der Auseinandersetzung ein Mittel der Wahrheitsfindung.

Die Trennung in den Glaubensformulierungen, den Glaubenstraditionen und den Frömmigkeitsstilen bedeutet also nicht eine Trennung im Glauben. Diese Trennung erlaubt nicht, von der Getrenntheit der Kirche zu sprechen. Vor allem erlaubt sie niemandem, einem anderen das gemeinsame Mahl zu verweigern. Leider muß man auch noch diesen Satz sagen: Die Einheitlichkeit in der Glaubensformulierung und in der Glaubenstradition bedeutet noch nicht die Einheit der Kirche und des Glaubens. Als in der Nacht vom 9. bis zum 10. November 1938 die deutschen Synagogen brannten, feierte das der damalige thüringische Landesbischof als gutes Geschenk zu Luthers Geburtstag am 10. November. Er war Lutheraner, wie ich es bin. Aber was heißt das schon! Eines Glaubens bin ich nicht mit ihm. Und wäre ich zu jener Zeit erwachsen und mit ihm zusammen gewesen, so hätte ich mit ihm das Abendmahl nicht genommen – so hoffe ich wenigstens!

Die Einheit der Glaubensformulierung, der Tradition und der Konfession garantiert nicht die Einheit des Glaubens. Die Verschiedenheit der Glaubensformulierung und der Tradition bedeutet nicht die Unterschiedenheit im Glauben.

Es gibt also doch die Arbeit, mit brennendem Herzen die eine Kirche und die Einheit im Glauben zu suchen. Mögen wir auch in den einzelnen Kirchen in der blassen Einheit der Sätze leben, so gibt es doch wenig Übereinstimmung in den Grundoptionen dieser Kirchen. Unsere Volkskirchen sind geradezu Musterbeispiele der Unverbindlichkeit in den Lebensoptionen. Was einer glaubt, wie einer lebt, wie einer dem Krieg oder dem Frieden gegenübersteht, welche Solidarität einer aufbringt mit den Geschlagenen dieser Gesellschaft, all dies spielt wenig Rolle. Die Kirche hat ein weites Dach. Vielleicht ist dies nicht anders möglich in einer Volkskirche. Aber es wird damit viel verspielt. Man kann auch an der Beliebigkeit ersticken. Die eine Kirche suchen, das heißt also nicht, ihre Einheitlichkeit anstreben, ihre Uniformität in Sätzen und Traditionen. Es heißt vielmehr, der Beliebigkeit und der Unverbindlichkeit entkommen und den Willen Gottes suchen, alle in ihren Lebenslandschaften und Glaubensdialekten.

Die Mannigfaltigkeit der Glaubensdialekte brauchen wir also nicht einzuebnen. Sie stellt uns vielmehr die Frage, was wir voneinander lernen wollen und wie die eine Begabung die andere korrigiert. Was lernen wir von der Mystik der Orthodoxie, und wie kritisieren wir ihre Weltlosigkeit? Was lernen wir von der Bilderskepsis der Reformierten, und wie kritisieren wir ihren Verbalismus? Was lernen wir von der Sinnenhaftigkeit des Katholizismus, und wie kritisieren wir den autoritären Klerikalismus Roms?

Wenn wir so fragen, verzichten wir nicht auf die Wahrheit, lassen aber dem anderen seine Andersheit – seine andere Herkunft, seine andere Tradition und seine andere Lebenswelt. Wir lassen ihm seine Heimat.

Das Wort Heimat bringt mich auf einen letzten Gedanken:

Keine der Einzelkirchen ist alles; keine ist die »wahre« Kirche, und darum ist auch keine der Kirchen genug für uns. In unseren Kirchen sind wir nie ganz zu Hause. Alle sind sie als Einzelkirchen zu eng, zu bescheiden und zu wenig. Am engsten und am unerträglichsten sind sie dort, wo sie alles und der anderen nicht bedürftig zu sein glauben. Es ist eine Erleichterung, nicht alles sein zu müssen; nicht das einzig mögliche und wahre Haus voll Glorie. Die Tatsache, daß ich in meiner Kirche nicht ganz zu Hause bin, weist mich auf die anderen Kirchen hin. Sie macht mich bedürftig, und so macht sie mich geschwisterlich. Ich suche die anderen, weil ich bei mir und in dem Meinigen allein noch nicht finde, was sein soll; weil ich die volle Heimat noch nicht finde, die ich brauche. Vielleicht macht mich die Vorläufigkeit und die Begrenztheit der eigenen Kirche auch zum Spieler. Ich brauche nicht nur der stumpfe, sich selbst genügende Katholik, Orthodoxe, Lutheraner oder Reformierte zu sein. Es gibt eine Lust, zwischen den Zeilen zu leben; zwischen den Häusern und zwischen den Welten. Es ist die Lust, in mehr Häusern beheimatet zu sein als nur in einem. Es ist die Unbescheidenheit, mehr Welten zu wollen als nur die eigene, bescheidene Lebenswelt. Heimat verdummt, wenn man nur eine hat. Erst der, der mehr als ein Haus hat, ist nicht mehr eingekerkert in diesem Haus. Erst dem, der mehr hat als eine Kirche, ist diese Kirche nicht mehr ein Gefängnis, sondern ein Haus, in dem man wohnen kann und aus dem man sich entfernen kann – zumindest gelegentlich.

Vielleicht verlockt zur Heimatlosigkeit in der eigenen Kirche auch der Herr aller Kirchen, der größer ist als diese; der in einer einzelnen nicht gefangengehalten werden kann – nicht einmal in allen zusammen.

Anmerkungen

[1] H. Camara: Mach aus mir einen Regenbogen. Mitternächtliche Meditationen, Zürich 1981, S. 91.

[2] L. Schottroff: Befreiungserfahrungen. Studien zur Sozialgeschichte des Neuen Testaments, München 1990, S. 29.

[3] R. Grün (Hg.): Christoph Columbus. Das Bordbuch 1492, Tübingen 1970, S. 75 ff.

Ein zögerndes Plädoyer
für die Autorität

Die menschenwürdige Weise, in der Menschen mit ihresgleichen verkehren, ist das Gespräch, nicht das Diktat. Das sagt sich leicht, ist aber kein selbstverständlicher Satz. Er ist neu, und er wird schon wieder bestritten.

Der Satz ist neu. Im »Lexikon für Theologie und Kirche« von 1960 lese ich noch folgende Sätze über Autorität und Gehorsam:

»Gehorsam ist das Sicheinfügen des Willens in den gebietenden Willen einer Autorität. Diese setzt den Befehl, der autoritativ Erfüllung fordert. Ihn wirksam befolgen, das heißt ihm innerlich zustimmen und ihn in der Tat ausführen, heißt gehorchen. Der Gehorsam schließt sich der Entscheidung des autoritativen Willens an, verzichtet auf eine eigene hinsichtlich des Inhalts und verwirklicht jene in seiner Tat … Der Gehorchende richtet sich also eigentlich auf den befehlenden Willen als solchen und bejaht dabei einschlußweise die Gehalte. Er nimmt sie nicht an, weil sie in sich gut sind, sondern weil sie befohlen sind. Darin liegt das Vernünftige des Gehorsams, das seine Sittlichkeit begründet. Gehorsam gibt der Autorität das, was ihr gehört, nämlich die Gefolgschaft.«

Die menschenwürdige Weise, in der Menschen mit ihresgleichen verkehren, ist das Gespräch, nicht das Diktat. Der komplizierte Text des Lexikonartikels sagt allerdings das Gegenteil. Die in ihm enthaltene Auffassung von Autorität und Gehorsam meint etwa folgendes: Es gibt Autoritäten, die sich nicht selber begründen müssen. Ihr Wesen ist es zu befehlen; nicht also zu argumentieren oder zu überzeugen. Die Aufgabe dessen, der der Autorität unterworfen ist, ist zu gehorchen, dem Befehl zuzustimmen und ihn auszuführen. Aufgabe des Unterworfenen ist nicht, den Befehl zu prüfen, zu beurteilen und vor seinem Gewissen zu verantworten. Das Gewissen liegt draußen bei der Autorität. Das eben macht die Qualität und die Sittlichkeit des Gehorsams aus, daß er die Inhalte nicht prüft, sondern sich der Autorität blind unterwirft. Um es noch einmal mit dem fatalsten Satz jenes Artikels zu sagen: »Gehorsam gibt der Autorität das, was ihr gehört, nämlich die Gefolgschaft.« Nicht zufällig ist hier der Nazijargon offenkundig. Strukturell entspricht diese Auffassung von Autorität und Gehorsam genau der nationalsozialistischen Ideologie.

Der Verfasser meint hier nicht, wie man es in einem theologischen Lexikon vermuten könnte, die Autorität Gottes. Selbst da hätte ich Einwände gegen eine solche Autoritätsauffassung. Wer die unbefragte Autorität ist, läßt er im dunkeln. So kann sich davon jeder Papst, jeder Bischof, jeder Lehrer, jeder Vater ein Stück abschneiden, und so werden sie gefährlich. Denn sie gehen mit ihresgleichen nicht menschenwürdig um. Sie sprechen nicht, sondern sie diktieren.

Es gab in jenen älteren Zeiten, aus denen der zitierte Artikel stammt, nicht nur eine solche Lehre von der Autorität. Noch viel wirksamer: Autoritäten führten sich als solche immer auf, inszenierten sich als Autoritäten, und das brachte Menschen dazu, an sie zu glauben; viel mehr als die reine Lehre dies tut. Der Papst wurde auf seinem Thronsessel herumgetragen, als sei er ein übermenschliches Wesen und als hätte er keine Beine. Dem Bischof mußte man vor dem Kommunionempfang erst den Ring küssen zur Anerkennung dieser Autorität. Schulklassen hatten aufzustehen bei der Ankunft des Lehrers. Kinder hatten zu schweigen, wenn Erwachsene redeten, oder erst zu reden, wenn sie gefragt wurden. Das waren Dramatisierungen der Autoritäten, die die Menschen dazu brachten, an sie zu glauben.

In mir spüre ich, wenn ich jene Zeit bedenke, zwei Stimmungen: einmal Zorn, wenn ich überlege, wohin in unserer Geschichte dieser Autoritätsglaube geführt hat und wieviele Opfer er gekostet hat. Aber ich habe auch ein Stück historisches Verständnis für eine alte und fast archaische Welt, in der die Mehrzahl der Menschen nun einmal angenommen hat, alles Lebens-Wissen sei schon vorhanden, es werde von den Alten überliefert und von den Führern verwaltet und man brauche ihnen nur zu folgen, um zu überleben. Das gilt ja auch in gewisser Weise in Gesellschaften, die sich kaum verändern und in der die Jungen noch bei den Alten wohnen und von ihnen lernen können. Lebensauffassungen halten sich lange, und sie können noch herrschen, obwohl die Zeit und die Gesellschaft längst vergangen sind, in denen sie ein gewisses Recht hatten. Solche Auffassungen, die ihr Recht verloren haben, bleiben dann als reine und finstere Ideologie, gepflegt von den Autoritäten, die ohne sie nackt und durchschaut wären.

Spätestens in den 60er Jahren brach eine solche Auffassung von Autorität und Gehorsam zusammen. Es hatte viele Gründe: die Verstädterung der Lebensverhältnisse; die Pluralisierung der Gesellschaft, in der plötzlich Lebensentwurf gegen Lebensentwurf stand und in der die einzelnen Entwürfe sich gegenseitig entwichtigten; die Erfahrung, daß altes tradiertes Wissen neuen Situationen nicht mehr entsprach; die rasche technische Veränderung, bei der Neues zu lernen wichtiger wurde als Altes zu übernehmen. Der Zusammenbruch der alten Autoritäten wurde dramatisch sichtbar im Kampf der antiautoritären Linken gegen sie: Kampf gegen die Positionen der Professoren an den Universitäten; Kampf gegen die autoritäre Schule; Kampf gegen die autoritären Väter; Kampf gegen die kirchlichen Autoritäten. Kampf auch gegen die Symbole der Autorität und Verspottung ihrer Zeichen, zum Beispiel der Talare der Professoren, der Schulsymbole und Gerichtsrituale. Ein großer Bildersturm fegte Ordnungen, ritualisiertes Verhalten, die Zeremonielle der Macht hinweg. Das mußte sein, und das ist das Verdienst der Linken. Denn das Neue kommt nicht ohne den Zusammenbruch des Alten.

Es kam eine neue Generation von Lehrern, Pfarrern, Müttern und Vätern, die alles sein wollten – nur nicht autoritär. Jede Generation hat ihre historische Aufgabe und ihre Begrenzung. Die 68er konnten die Autoritäten brechen, jedenfalls bis zu einem gewissen Maß; aber konnten sie auch Autorität in irgend einem Begriff positiv verstehen? Erschöpften sich jene Lehrerinnen, Pfarrer, Väter und Mütter darin, Nicht-Autorität zu sein? Ich zitiere eine Lehrerin: »Ich wollte in keinem Fall mit Menschen so umgehen, wie meine

Eltern und meine Lehrer mit mir umgegangen sind.« Und ein Lehrer sagt von sich: »Also ich denke, ich wollte damals ein Lehrer sein, der Kamerad der Schüler ist. Ich wollte eigentlich Kamerad sein und wollte nicht autoritär sein. Ich wollte vielleicht sogar freundschaftlich mit den Schülern umgehen und hatte damit Wahnsinnsprobleme.«

In wenigen Jahren hatten sich die Lebenswelten radikal geändert und damit der Begriff von Autorität. Ein Stück Menschenfreundlichkeit war gewonnen, und die Begriffe Vater, Lehrer oder Pfarrer verloren viel von ihrem düsteren Klang. Die Autoritäten fingen an, menschenwürdig mit ihresgleichen umzugehen, und das Gespräch fing an, das Diktat abzulösen. All dies mußte geschehen, und all dies war ein Menschheitsfortschritt.

Aber könnte es sein, daß ich die autoritätskritische Bewegung zu positiv interpretiere und daß ich ihre Grenze vergesse? Kann es sein, daß die Antiautorität selber zur Ideologie wird? Und könnte es sein, daß wir Inhalte, Lebensformen und Lebensrituale nicht mehr diktieren, weil wir selber keine mehr haben und weil wir selber an keine mehr glauben? »Ich wollte in keinem Fall mit Menschen umgehen, wie meine Eltern und meine Lehrer mit mir umgegangen sind«, sagt die Lehrerin. Sie hat recht. Aber der Abstand von den alten Autoritätsformen ist allein noch kein Konzept für den Umgang mit Kindern.

»Ich wollte Kamerad sein, ich wollte freundschaftlich mit den Schülern umgehen«, sagt der Lehrer, »und hatte dabei Wahnsinnsprobleme.« Schön ist der Gewaltverzicht, den dieser Lehrer sich vorgenommen hatte. Aber kann Autorität durch ihr Gegenteil ersetzt werden, durch die dauernde Selbsterledigung des Lehrers als Lehrer, durch Freundschaft und personale Nähe? Warum hatte der zitierte Lehrer gerade damit »Wahnsinnsprobleme«?

Vielleicht spüren die Kinder solcher Lehrer und Lehrerinnen, solcher Väter und Mütter, daß ihnen die Welt unkenntlich wird, wo ihnen nicht Erwachsene gegenübertreten mit erkennbaren Gesichtszügen und mit erkennbarer Andersheit. Der Lehrer, der nur Freund sein will; der aus Gleichheitssucht spricht wie seine Schüler, sich kleidet wie sie, kein besonderes Lebenswissen von sich behauptet, keine besondere Rolle als Lehrer haben will, alle Formen abschafft, weil Formen autoritäre Unterschiede setzen, ist für die Schüler unkenntlich geworden. Er ist eben wie sie. So können sie sich an ihm selber nicht erkennen, sich nicht an ihm abarbeiten, nicht ihren eigenen Lebensentwurf an einem fremden messen. Es hilft ihnen im Leben nicht weiter, wenn sie sich in den Lehrerinnen und in den Vätern nur selber wiederfinden; wenn jedes Gespräch mit ihnen zum Selbstgespräch wird. Von daher kann man verstehen, daß es innerhalb der Linken selber eine Diskussion um die Frage der eigenen Rolle als Autorität gibt. Es ist eine schwierige Diskussion. Denn einerseits darf die gewonnene Freiheit nicht verraten werden; niemals darf Erziehung wieder Dressur werden. Sie muß ein respektvoller Dialog bleiben. Andererseits kann man diesen Dialog nur führen, wenn man ein eigenes Gesicht und eine eigene Rolle hat und zu ihr steht; wenn man eben Lehrer und Lehrerin ist, Vater oder Mutter, und nicht nur Kumpel.

Es gibt über den Bildersturm der Linken hinaus einen anderen Zusammenbruch von Autorität. Ich meine damit nicht nur die Entwichtung von personalen Autoritäten, wie Väter und Mütter, Lehrerinnen und Pastoren sie darstellen. Ich meine die Zerrüttung des allgemeinen Wissens und der Wichtigkeiten, die in einer Gesellschaft gelten sollen. Es gibt immer weniger Kanon, immer weniger öffentliche Übereinstimmung darin, wie man leben und handeln soll, um gut zu leben. Die Institutionen wie Kirche, Schule, Gerichte, die ein solches Wissen verwaltet haben, stehen in Frage. Der Glaube an heilige Texte, in denen gesellschaftliches Wissen aufbewahrt wird, ist geschwunden. Wir brauchen nur einen Augenblick zu überlegen, wie relativiert solche Texte sind, die noch vor drei Generationen unumstößlich waren: die Bibel; klassische Texte der Literatur; Sprichwörter, die in Kurzformeln geltendes Wissen überlieferten. Die Traditionen die den einzelnen als Autorität gegenüberstanden, sind geschwächt. Die Abnahme der Kraft solcher geronnenen Wahrheiten ist zunächst ein Freiheitsmoment. In ihnen war ja nicht nur Menschenweisheit aufbewahrt. Es waren auch Diktate, die die Menschen nicht zu sich selbst kommen und Subjekt werden ließen. Aber auch dies ist wahr: Wir werden in den neuen wissenslosen Situationen auf uns selbst zurückgeschleudert. Wir müssen selbst erfinden, wer wir sind, welche Lebensabsichten wir haben und wie wir handeln sollen. Wir müssen in einem anderen Maß als in traditionalen Zeiten bestimmen, wie wir unsere Kinder erziehen, unseren Glauben gestalten, mit unserer Sexualität umgehen sollen. Diese Freiheit ist für viele unerträglich. Die alte verhängte und diktierte Welt hatte wenigstens noch die Wärme eines Gefängnisses. Und so wächst die Sehnsucht nach gestern; die Sehnsucht danach, sich selbst los zu werden mit allen Zweifeln und Lebensexperimenten. Es wächst die Sehnsucht nach Klarheit, nach festen Konturen, nach unbezweifelten Welterklärungen. Es wächst der Wunsch, daß einer einem sagt, wo es langgeht, der Wunsch nach Autorität und nach maßgebenden Instanzen. Man hält sich nicht mehr aus und will sich seiner selbst entledigen, indem man feste Ordnungen sucht, unumstößliche Werte und nicht mehr hinterfragbare Autoritäten.

Ich zitiere ein Beispiel aus einer Lehrveranstaltung an der Hamburger Universität. In einem Seminar kamen wir auf den Schöpfungsbericht zu sprechen. Es sind drei junge Naturwissenschaftlerinnen dabei, die mit Vehemenz seine Wörtlichkeit behaupten. Es steht in der Bibel: in sechs Tagen ist die Welt geschaffen, alles ist geschehen, wie dort berichtet, und daran ist nicht zu zweifeln. Diese drei Frauen kommen nicht aus einem konventionellen Christentum, sondern aus liberalen und atheistischen Elternhäusern. Es sind keine traditionell verhuschte Wesen. In fröhlicher Selbstaufgabe stürzen sie sich aus der großstädtischen Unbestimmtheit und Wissenslosigkeit in den Schutz der Wörtlichkeit und in die Obhut einer fundamentalistischen Gruppe. Sie sind sicher geworden, die Fragen sind beantwortet, und die Welt ist erklärt. Aber mit welchen Kosten? Eben auf Kosten ihrer Freiheit und ihres Gewissens. Sie können übrigens noch mehr erklären als die Entstehung der Welt. Sie wissen, daß alle Religionen außer dem Christentum falsch sind, daß Homosexualität wider die Ordnung der Natur und Sünde ist, daß vorehelicher Geschlechtsverkehr verboten ist. Es ist also ein Wissen, das nicht nur ihnen selber gefährlich wird, sondern auch anderen.

Dieser Sehnsucht nach Zweifelsfreiheit und Führung kommen einige Instanzen freudig entgegen. Die Autoritätsfreudigkeit wächst von oben wie von unten. Gefährlicher scheint mir die von unten. Die Menschen gebären sich ihre Autoritäten selber, indem sie sich nach ihnen sehnen. Ohne diese Sehnsucht von unten hält sich Autorität nicht lange.

Ich komme auf die Wünsche der Autoritätshungrigen zurück, auf den Wunsch nach Klarheit und Eindeutigkeit, auf den Wunsch nach Zweifelsfreiheit und Lebenskontur. Dies sind ja keine falschen Wünsche. Es ist ja menschenwürdig, wissen zu wollen, wer man ist; welche Lebensabsichten man verfolgen und wie man handeln soll. Es ist menschenwürdig, mit diesen Fragen nicht allein bleiben zu wollen und alles mit sich selber abmachen zu müssen. Und es ist verständlich, daß Menschen mehr wollen, als sich in den eigenen Lebenszweifeln zu erschöpfen. Nicht also die Wünsche sind falsch, sondern der Weg, sie einzulösen. Man kann sich nicht gewinnen, indem man sich seiner selbst entledigt – des eigenen Gewissens, des eigenen Verstandes und der eigenen Entscheidung. Man kann sich nicht gewinnen, indem man sich an Autoritäten verliert.

Man kann allerdings auch nicht erfahren, wer man ist und wie man handeln soll, indem man nur im Selbstgespräch bleibt und anderes als die eigene Erkenntnis, die eigene Weisheit und das eigene Gewissen nicht gelten läßt. Brauchen wir also doch Autorität? Ich meine, ja! Ich brauche, um mir selber deutlich zu werden, das Gespräch. Ich brauche das Gespräch mit einem Text, der mehr weiß als ich selber. Ich brauche das Gespräch mit einer Tradition, die älter ist als ich selber. Ich brauche das Gespräch mit einem Lehrer, den ich zu einem solchen mache und dem ich Autorität verleihe, indem ich ihn zum Lehrer wähle und mit ihm spreche. Ich brauche die Bilder, die Lebensentwürfe und die Weisheit, die sich andere vor mir erdacht haben und die sich andere neben mir erdenken. Ich brauche also die Fremde, um zu mir selber zu kommen. In keinem Lebensentwurf sind Menschen je mit sich selber ausgekommen, mit der eigenen Gescheitheit und dem eigenen Witz.

Und so entscheiden sich Menschen, auf einen bestimmte Lebensentwurf und eine bestimmte Tradition zu setzen. Die Texte dieser Tradition machen sie zu ihren vorrangigen Texten. Sie verleihen ihnen damit Autorität, und sie hören anders auf sie als auf andere Texte. Sie hören auf diese Traditionen anders als auf andere Traditionen. Sie behaupten nicht die Einzigartigkeit und Unfehlbarkeit solcher Texte und Traditionen. Aber sie geben diesen Texten einen lebensgeschichtlichen Vorrang vor anderen. Sie treten aus der Lebensgleichgültigkeit und aus der Beliebigkeit heraus und machen sich zu kenntlichen Menschen. Man kann ja auch an der Beliebigkeit ersticken, wie man an den verhängten und falschen Autoritäten ersticken kann.

Es ist wie bei der Ehe: Prinzipiell könnte ich viele Frauen heiraten und prinzipiell gefällt mir vieles an vielen. Aber mit dieser Allgemeinheit und Prinzipialität ist mir nicht geholfen. Ich könnte mich in der Unentschiedenheit verlieren, und so heirate ich eine. Ich binde mich. Ich begebe mich der flittrigen Allmöglichkeit und werde damit selber ein Mensch mit einem Gesicht, und in meiner Entscheidung und in der Verabschiedung von der reinen Möglichkeit begrenze ich mich. Ich siedle mich an einem Lebensort an; ich gewinne meine Freiheit, indem ich die Möglichkeiten verliere.

Vielleicht heißt Erwachsenwerden: nicht nur mit sich selber auskommen wollen, nicht nur in sich selber zu versinken. Erwachsenwerden heißt, ein guter Hörer zu werden, auf andere Stimmen und Weisheiten zu hören. Hören und Gehorchen liegen im Wortstamm nahe beieinander. Ich zögere, für das, was ich meine, das Wort gehorchen zu benutzen, weil es eine solche Zerstörungsgeschichte in unserem Lande hat und weil man mit diesem Ausdruck so oft Unterwerfung und pure Aufgabe seiner selbst mithört. Aber etwas von diesem Wort möchte ich retten. Ich umschreibe dies so: nicht dauernd sein eigener Herr und Meister sein müssen; nicht verbannt zu sein in den Zwang des eigenen Willens; von sich selber nicht annehmen zu wollen, man sei abendfüllend mit der eigenen Weisheit und Erkenntnis. Ja, so will ich Autorität – nicht als Unterwerfung, sondern als Befreiung aus dem Gefängnis meines beschränkten Selbst.

Mit der Autorität, die ich so suche, gehe ich streng um, und ich verlange einiges von ihr. Ich verlange, daß sie sich mir nicht aufdrückt wie ein Bleiklumpen; daß ich sie also freiwillig wähle und annehme. Zu Hause kann man nur sein, wo man die Wahl hat; nicht da, wo alle Entscheidungen schon diktiert sind.

Von einer Autorität verlange ich außerdem, daß sie mir nicht total und in alle Lebensbereich einredend gegenübertritt. Um es an dem Beispiel der Bibel zu sagen: Ich möchte ihre Geschichten der Menschenwürde und des Trostes hören. Ich erwarte aber nicht, daß sie mich in naturwissenschaftlichen Fragen, zum Beispiel in der Frage der Evolutionsgeschichte, belehrt. Von mir selber verlange ich Skepsis der Autorität gegenüber. Nicht so, daß ich in ständigem überwachen Mißtrauen auf ihre möglichen Fehler warte. Wenn ich einem Menschen oder einem Text nur mit Entlarvungsinteressen gegenübertrete, kann er mir nicht Lehrer sein. Aber ich werde mich selber und mein eigenes Urteil nicht blenden vor ihnen. Ich rechne gelassen mit der Irrtumsfähigkeit der Autorität.

Und als letztes verlange ich ein Kündigungsrecht jener Autorität gegenüber. Das heißt nicht, daß ich sie verlasse, wenn mir etwas, wozu sie mir rät oder wozu sie mich auffordert, nicht paßt. Wenn ich die Andersartigkeit jener Weisheit anerkenne und suche, dann gehört ja dazu, daß sie mir einspricht in die eigenen Wünsche und Vorhaben und daß ich durch diesen Widerspruch gereinigt werde. Aber es könnten ja Umstände entstehen, die mich meine Entscheidung revidieren lassen. Das Leben hat seine Unvoraussagbarkeiten.

Ich habe angefangen mit der Kritik an falscher Autorität und an Autoritätssehnsucht, und ich ende mit dem Lob der Autorität, zumindest mit der Frage nach der Neubestimmung dieses Begriffes. Woran liegt das? Ich vermute, daran, daß ich weniger befürchte, daß unsere Zeiten wieder völlig autoritär werden könnten – ausgeschlossen ist es allerdings nicht. Ich befürchte eher, daß unser gegenwärtiges Leben völlig lehrerlos, damit konzeptionslos und gleichgültig werden könnte. Man muß sich nicht nur von den äußeren Tyrannen retten, sondern auch aus der Tyrannei des eigenen Herzens.

Öffentlichkeit und Intimität

In Fontanes Roman *Stine* verliebt sich der junge Graf Waldemar in eine Näherin. Er will sich gegen seine Familie stellen, die die Heirat mißbilligt. Er will sich gegen die Gesellschaft mit ihren Standestrennungen wehren, er will sein Erbe aufgeben und mit Stine nach Amerika fahren. Er will die Unmittelbarkeit des Glücks, das keine Gesellschaft verhindert und das keine anderen Wurzeln, keine andere Quelle und keine andere Stütze hat als die Zuneigung der beiden jungen Menschen zueinander. Er will vor aller Gesellschaft »bei Adam und Eva« wieder anfangen. Stine antwortet ihm kritisch: »Und für alles, was dann fehlt, soll das Herz aufkommen.«[1]

Fontane beschreibt eine Gesellschaft, in der die Öffentlichkeit alles bestimmte. Es war klar ausgemacht, wer mit wem verkehrte und wer zu wem gehörte. Die Ehe war eher eine Zweckverbindung, nicht eine Gemeinschaft, die auf der Freiwilligkeit und auf der Liebe von zwei einzelnen Menschen ruhte. Die Intimität einer Freundschaft oder einer Ehe mußte gegen das allgegenwärtige Auge der Öffentlichkeit erobert werden: gegen die Kirche, gegen das Dorf, gegen den Stand oder die Zunft, der man angehörte, gegen die Großfamilie. Die Häuser waren so gebaut, daß mehrere Generationen in ihnen wohnten. Betont waren die Gemeinschaftsorte, die breiten Vorplätze, auf denen jeder jeden sah und traf; die große Küche und das Familienzimmer, die Orte für alle waren. Für das Bedürfnis, mit sich oder einem anderen Menschen allein zu sein und sich gelegentlich abzusondern, hatte man kein Verständnis. An eigene Zimmer für die einzelnen Familienmitglieder war für die meisten nicht zu denken.

Menschen, die so eng miteinander wohnten und, da das Leben karg und hart war, aufeinander angewiesen waren, dachten immer vom Ganzen her. Nicht das einzelne Subjekt mit seinen Wünschen und Bedürfnissen war im Blick, sondern die Interessen des Ganzen hatten Vorrang – des Clans, der Großfamilie, des Standes. Sich *nicht* zu unterscheiden und zu sein, wie alle sind, war ein hohes Ideal. In meiner Jugend hat man noch von einem eigensinnigen Menschen gesagt: Er sieht nicht, er hört nicht, er läuft keiner Herde nach! Der Herde war also nachzulaufen. Bei ihr vermutete man das größere Wissen und die besseren Möglichkeiten zu überleben. Das größte Vergehen war, sich von ihr zu trennen, die doch Wärme und Schutz bot. Trennen durfte man sich nicht nur nicht im physischen Sinn. Auch geistig durfte man sich nicht separieren: man durfte keinen anderen Glauben, keine andere Lebensauffassung und keine andere Moral annehmen als die der eigenen Gruppe. Die Einzelsubjekte sind oft unter dem Druck der Öffentlichkeit erstickt. So erging es auch den beiden Liebenden in Fontanes Roman. Graf Waldemar nahm sich das Leben. Stine starb bald darauf.

Ich mache einen großen Sprung bis in die Gegenwart unserer großen und täglichen Fernsehshows, in denen Menschen geradezu öffentlichkeitssüchtig vor einem Millionen-Publikum sich bis in die letzten Tiefen ihrer Seele offenbaren. Ich erlebe Menschen, die vor der Kamera eine öffentliche Beichte ablegen und unter den geilen Blicken der Zuschauer nach Vergebung schreien. Ich sehe Menschen, die sich genüßlich in den geheimsten Praktiken ihrer Sexualität darstellen, und ich sehe die genüßlichen Betrachter. Es geht mir hier nicht um den alltäglichen Faschismus der Planer, der Arrangeure und Showmaster solcher Sendungen. Diese seelenlosen geistigen Leichenfledderer sind leicht zu verstehen: Sie verdienen daran, und das ist alles. Was aber suchen Menschen, wenn sie sich in letzter zerstörerischer Selbstentblößung darstellen vor Leuten, die sie noch nie gesehen haben und von denen sie nichts erwarten können? Und was suchen die, die ihnen zuschauen? Waldemar und Stine starben daran, daß die Macht der Öffentlichkeit übergroß war und daß ihnen die Privatheit ihres Lebens und ihrer Entscheidungen nicht gestattet war. Könnte es sein, daß die Selbstdarsteller im Fernsehen nichts anderes mehr haben als ihre Privatheit und daß ihnen die alltägliche Öffentlichkeit abhanden gekommen ist, die der Mensch zum Leben braucht? Ich habe eben auf die Wohn- und Lebensart der Zeit geschaut, in der die Öffentlichkeit und das Allgemeine stark

waren und die Subjekte an ihrer Entfaltung eher hinderten.
Ich werfe einen Blick auf unsere Häuser und Wohnungen:
sie sind für einzelne oder für Kleinstgruppen gebaut, für die
Familie mit einem oder zwei Kindern. Jedes Kind hat sein
Zimmer. Schon um 1880 klagt ein Autor: »In den modernen
großstädtischen Privathäusern sind fast alle dem ›ganzen
Hause‹ dienenden Räume auf das dürftigste Maß beschränkt:
die breiten Vorplätze sind zu einem armseligen schmalen
Hausgang zusammengeschrumpft; statt der Familie und der
Hausgeister finden sich nur noch Mägde und Köchinnen in
der profanierten Küche. Namentlich sind aber die Höfe ...
häufig zu schmalen, feuchten, stinkenden Winkeln geworden ... Schauen wir in das Innere unserer Häuser, so findet
sich's, daß das ›Familienzimmer‹, der gemeinsame Aufent-
halt für Mann und Weib und und Kinder und Gesinde immer kleiner geworden oder ganz verschwunden ist. Dagegen
werden die besonderen Zimmer für einzelne Familienmitglieder immer zahlreicher und eigentümlicher ausgestattet.
Die Vereinsamung des Familienmitgliedes selbst im Innern
des Hauses gilt für vornehm.«[2]
Das Leben ist reicher geworden. Es ist mehr Platz da, und
der einzelne wird stärker beachtet. Man ist zum Überleben
weniger auf den Zusammenhalt des Ganzen angewiesen, und
so definiert man sich auch weniger vom Allgemeinen her.
Die Wünsche und die Absichten der einzelnen werden wichtiger und werden ernst genommen. Das Subjekt tritt ins
Licht und nimmt sich selbst wahr. Die Privatheit wird erlaubt, die früher eher als Raub am Allgemeinen und an der
Großgruppe angesehen wurde.
Aber dann begann die Zeit der Trennungen. Lebens- und
Arbeitsort werden getrennt. Arbeitszeit trennt sich von
Freizeit. Die Generationen trennen sich, und die Familie besteht nur noch aus Eltern und Kindern. Damit werden allerdings auch bestimmte Erfahrungen ausgegrenzt. Man erlebt
weniger oft und weniger unmittelbar die Geburt oder den
Tod eines Menschen; die Krankheit eines Menschen und wie
er damit fertig wird. Geschichten, Weisheiten und Überlieferungen werden weniger oft ausgetauscht. Man erlebt in
geringerem Maße Abstufungen in Beziehungen. Im unmit-

telbaren Lebenskontext hat der Mann nur die Frau, die Frau nur den Mann, die Eltern nur die Kinder, die Kinder nur die Eltern. In der Großfamilie gab es vielleicht einen ledigen Onkel, der Konflikte neutralisierte. Es gab die Großeltern, die sich mit den Kindern gegen die Eltern verbündeten. Heute können sich Mann und Frau, Eltern und Kinder gegenseitig tiefer verwunden, weil sie allein miteinander sind und weil sie weniger Flucht- und Schutzmöglichkeiten voreinander haben. Es gibt neue und scharfe Generationenkonflikte, die nicht wie die alten auf die autoritäre Macht der Eltern zurückzuführen sind, sondern die das Ergebnis purer und ungeschützter Nähe und Zweisamkeit sind. Eltern werden als übermächtig empfunden, nicht weil sie es sind, sondern weil die Kinder mit ihnen allein sind und weil sie ihnen allein ausgeliefert sind. Die Menschen sind also freier geworden und weniger abhängig vom mächtigen Allgemeinen. Aber die Freiheit bezahlen sie mit größerer Einsamkeit.

Die einen – wie Graf Waldemar und Stine – sind bedrängt von der Öffentlichkeit und suchen Privatheit und Intimität gegen diese. Die anderen wollen ihre reine Privatheit loswerden und fliehen bis in die unpersönlichste und unnatürlichste Öffentlichkeit der Fernsehkonsumenten. Was suchen die Öffentlichkeitssüchtigen, und was erwarten sie von dieser Art von Selbstoffenbarung? Ein Mensch kann seiner selbst nur gewiß werden, er wird sich selber nur einsichtig, indem er sich vor anderen darstellt als der, der er ist; als einer mit bestimmten Lebensoptionen und Lebensabsichten; als einer, der dieses liebt und jenes verachtet. Was innen ist und den Menschen tief bewegt, muß außen werden. Der Mensch stellt sich vor den Augen von anderen dar, und seine mitgeteilten Absichten werden dadurch zu starken Absichten. Man wird, wer man sein will, indem man sich vor anderen kenntlich macht.

Das Subjekt kann auf Dauer nicht für sich allein existieren und sich zugleich deutlich sein. Indem es sichtbar wird, bekommt es Gesicht.

Am Beispiel der Homosexuellen ist zu sehen, wie Menschen danach dürsten, nicht Versteck zu spielen und öffentlich die sein zu dürfen, die sie sind. Die Verdrängung der Homosexualität in das Schweigen, an den Rand, an den ungenannten Ort ist eine Zerstörung der Würde dieser Menschen. Ihnen wird ein Grundrecht vorenthalten: zu zeigen, wer sie sind. Die Öffentlichkeit, auch die Öffentlichkeit der Kirche, verbietet Homosexualität, indem sie verbietet, daß sie sich darstellt. Was dargestellt wird, gewinnt ein anderes Recht und ein anderes Sein und Selbstbewußtsein. Man kann Menschen auch vernichten, indem man sie in eine Kultur des Schweigens stößt, in der sie sich selber nicht mehr kenntlich sind.

Die Öffentlichkeit in ihrem produktiven Sinn wird, indem sich Menschen darstellen, ein Zeuge der Absichten dieser Menschen. Wenn etwa zwei Menschen heiraten, teilen sie der Öffentlichkeit der Familie, des Dorfes oder ihrer Kirche mit, daß sie einander lieben und miteinander einen Lebensversuch wagen. Sie teilen mit, welche Wünsche sie für sich haben. Das ist die große Inszenierung der Hoffnung, die laut nach außen ruft, was sie erwartet. In der Apostelgeschichte heißt es von der jungen Christengemeinde: »Sie hatten alles gemeinsam.« Diese Gemeinde teilte die äußeren Mittel des Lebens, das Geld und das Brot. Aber es heißt mehr: Sie teilten auch die inneren Lebensmittel: die Lebensüberzeugungen, die Hoffnungen und den Glauben. So wurden sie zu Hoffenden, indem sie die Hoffnung offenbarten und teilten. Allein bist du klein – das ist ein Satz, der nicht nur politisch gilt. Er gilt auch für die inneren Überzeugungen von Menschen. Wo sie diese nicht mitteilen und offenbaren können, bleiben sie schwach und schattenhaft.

Ich komme auf das Paar zurück, das heiratet. Die Öffentlichkeit ist, anders als bei den obszönen Selbstdarstellungen im Fernsehen, nicht Zuschauer, sondern Zeuge. Sie hört also das Versprechen dieser beiden Leute und wird sie in Zukunft zusammenfügen, indem sie sie zusammensieht. Die Öffentlichkeit wird zur Echowand der Absichten dieses Paares. Sie ist die Erinnerung und das Gedächtnis ihrer Absichten. Solche Zeugen lassen sich so leicht nicht beseitigen. Der Mensch ist nicht nur der, der er ist. Er ist auch der, als der er von seiner Öffentlichkeit gesehen wird.

Ich bringe ein politisches Beispiel für die Kraft solcher Zeugenschaft aus dem Vietnamkrieg. Bei den Aktionen der Friedensbewegung in den Vereinigten Staaten, etwa bei der Besetzung einer Fabrik, die Waffen herstellte, gab es zwei Gruppen. Die einen drangen ein und gefährdeten sich damit unmittelbar. Eine andere Gruppe stand draußen und beobachtete die Vorgänge. Es ging einmal darum, polizeiliche Übergriffe zu notieren. Aber dies hatte in der Spiritualität jener Friedensleute noch eine andere Bedeutung. Sie stärkten die Gruppe, indem vor ihren Augen geschah, was geschah. Sie waren ihre Zeugen, vergleichbar den Brautzeugen bei der Hochzeit. Sie waren die Öffentlichkeit.

Was unterscheidet aber nun, was unser Brautpaar in seiner Kirche tut, von den Selbstentblößungen, die allmählich Alltag im Fernsehen werden? Stellt sich nicht auch das Brautpaar in seinen intimsten und innersten Absichten dar? Es gibt einige Unterschiede. Einmal ist die Öffentlichkeit nicht irgendeine, sie steht mit dem Paar in Beziehung: es sind die Verwandten, es sind die Freunde, es ist die Gemeinde. Das Brautpaar stellt sich nicht überall und jederzeit dar mit seinen Absichten, es rückt einem mit der eigenen Nähe nicht jederzeit auf den Leib. Es tut es am Anfang der Ehe, in der Kirche und vor der zu ihm gehörigen Öffentlichkeit. Es tut dies in einer merkwürdig authentisch-nichtauthentischen Form. Authentisch wird die Darstellung durch die Unmittelbarkeit der Zuneigung dieser Menschen zueinander. Aber das Brautpaar tut dies in einer Form, die nicht nur zu ihm paßt. Es stellt sich ritualisiert dar. Formeln werden rezitiert, wie sie schon immer gebraucht wurden. Ein Zeremoniell wird aufgeführt, wie es ähnlich schon die Eltern und die Großeltern des Paares erfahren haben. Lieder werden gesungen und Wünsche werden geäußert, die alle schon kennen. Die Innerlichkeit, die sichtbar werdende Seele des Paares wird erträglich, indem sie in Gesten und Formeln verhüllt wird. Die Intimität erscheint nicht als blanke und unmittelbare, sondern geschützt und in der Formel strukturiert. Das Paar und die bezeugende Öffentlichkeit treten in den Masken der alten Sprache und der rituellen Gesten auf, und erst dadurch wird die Darstellung produktiv und erträglich.

Die Kraft der Öffentlichkeit, die ich am Beispiel des Brautpaares beschrieben habe, stößt zur Zeit auf zwei sie gefährdende Dogmen. Das eine sagt: Beziehung, Wärme und Nähe zu Menschen sind das Produkt gegenseitiger Selbstentblößung. Das andere Dogma: Die Beziehung existiert am dichtesten als unmittelbare und wird durch Konventionen und geprägte Formen verhindert. Je nackter, desto ehrlicher, desto näher, heißt das fragwürdige Dogma. So also gerate ich in den Zwang zur Unmittelbarkeit oder, wie der amerikanische Soziologe Richard Sennett es nennt, in die Tyrannei der Intimität.[3] Unter diesen Dogmen geschieht, was überall geschieht: die große Selbstdarstellung, der große Seelenstriptease, die in einer kalten Gesellschaft Beziehung, Wärme und Nähe herstellen sollen. Die Nähe und die personalistische Unmittelbarkeit wird Mode und wird Zwang. Ich meine damit nicht nur den grotesken und jede Würde zerstörenden Schwachsinn jener Fernsehshows. Ich nehme ein bescheideneres Beispiel: An einem Samstagabend will ich mir im NDR III einen Film ansehen. Der Film wird eingeführt – ja, nicht von einem Fernsehansager, eigentlich eher von einem Kumpel von nebenan, den ich vom Bierholen kenne. Er sitzt da in Hemd, Hosen und Sandalen. Er spricht mich an: »Ich hoffe, Sie hatten einen schönen Tag und haben gut abendgegessen. Was könnte es Besseres geben, als sich nach Ihrer arbeitsreichen Woche zurückzulehnen und auszuspannen. Haben Sie Ihr Glas Wein schon geholt? Na, dann wollen wir mal!« Während er plaudert, als säße er wirklich bei mir im Wohnzimmer, wippt er leger mit seinem Stuhl hin und her. Verlogene Nähe! Wodurch kommt die Lüge zustande? Dadurch, daß er jedes Zeremoniell vermeidet und die Rollen auflöst. Die Rolle verlangt beim Auftritt in der Öffentlichkeit eine hohe Sprachebene. Er verleugnet sie und sagt: »Na, dann wollen wir mal!« – eben wie man im Wohnzimmer spricht. Die Rolle verlangt eine Kleidung, die anzeigt, daß der Sprecher nun nicht mehr nur ein Privatmann ist, sondern vor einer Öffentlichkeit spricht. Mein Fernsehkumpel aber trägt Hemd und Sandalen. Er erlügt Nähe und Unmittelbarkeit, die nicht vorhanden sind. Das Fernsehen wird familiär. Ist das ein Unglück, oder ist es nur Dummheit? Es wäre weiter nicht schlimm, wenn diese Scheinunmittelbarkeit, die

Scheinwärme, die hier vermittelt wird, nicht überall Mode würde, nicht nur in den Medien. In allen möglichen Gruppen, inzwischen auch schon in der Kirche und in Universitätsseminaren soll ich sagen, wer ich bin, was meine Qualitäten sind, was meine Sorgen und Leiden sind. Überall will man eins sein und verträgt die Distanz nicht mehr.

Nehmen wir eine kirchliche Gruppe, in der die Gefühlsspielchen häufiger werden. Warum soll ich vor Menschen, die ich nicht oder kaum mit Namen kenne, beim Anblick etwa einer roten Kerze meine Gefühle aufsagen? Nähezwang! Ich teile ihr Leben nicht, wir teilen unser Geld nicht. Wir haben die ganze Woche nichts miteinander zu tun, aber sonntags soll ich sagen, was ich empfinde beim Anblick jener Kerze oder eines anderen empfindungslösenden Instruments! Warum unterhalten wir uns nicht über die Arbeitslosenzahl in meiner Gemeinde? Da könnte ich schon Gefühle zeigen. Warum unterhalten wir uns nicht über die alten Freiheitstexte jener christlichen Tradition? Darüber läßt sich reden. Der Zwang, Gemeinschaft zu erreichen durch Selbstoffenbarung ist fruchtlos. Das Subjekt wird durch Selbstentblößung nie erreichen, was es will, nämlich Gemeinschaft und Nähe. Die Folge ist aber nicht, daß Menschen ihre Nähestrategien aufgeben, wenn sie merken, daß sie nicht zum Ziele führen. Es wird sie nur süchtig machen und zu weiteren Selbstenthüllungsveranstaltungen treiben. Es ist, als ob man ein Feuer, das nicht zieht, zum Brennen bringen will, indem man immer weiter Kohlen auflegt.

Es bleibt wahr: Menschen kommen ohne Selbstdarstellungen nicht aus, und was innen ist, soll außen werden. Damit diese Selbsteröffnung gelingt, ist nun gerade das notwendig, was die gegenwärtige Psychomode energisch ablehnt: das rituelle Arrangement solcher Darstellungen, also gerade nicht die formenverachtende Unmittelbarkeit, sondern – fast wie im Theater – die szenische Darstellung des Inneren. Ich nenne wiederum eine religiöse und sehr intime Selbstdarstellung: die Beichte. Diese Art der Selbsteröffnung ist nur möglich in einem hohen szenischen Arrangement, wenn sie nicht zur reinen Seelenschmiere verkommen soll. Man geht an einen fremden Ort, die Kirche. Man geht in den Beichtstuhl oder das Beichtzimmer. Ungewöhnliche Gesten leiten das Gespräch ein, das Kreuzzeichen oder der Segen des Beichthörers. Die Sprache ist konventionalisiert. Man spielt Theater, und man tritt in Masken auf. Das heißt nicht, daß man lügt, was wir unglücklicherweise immer mit Theaterspiel verbinden. Der Beichtende ist nicht nur Beichtender, er *spielt* sich auch als Beichtenden am ungewöhnlichen Ort, in konventionellen Gesten und in einer hohen Sprache. Die Maske, die der Beichtende sich anlegt, ist nicht ein Lügengesicht. Es ist sein eigenes Gesicht, das ihn zugleich offenbart und verbirgt; das ihn zeigt und ihn schützt. Auch der Priester ist geschützt vor der blanken und unerträglichen Nähe des Beichtenden. Wie könnte er sonst solche Situationen ertragen? Natürlich wissen wir, daß man am Arrangement ersticken kann und daß zwangsneurotische Lagen sich dadurch auszeichnen, daß sie auf Inhalte nichts und aufs Arrangement und aufs Zeremoniell alles setzen. Das war die alte Gefahr, und gegen sie mußten wir kämpfen. Aber kaum sind wir ihr entronnen, müssen wir lernen, uns vor der eigenen Entblößung zu schützen.

Es ist erstaunlich, in welch kurzer Zeit der Antiritualismus Boden gewonnen hat und die Annahme gewachsen ist, daß jedes Ritual eine leere Form sei und daß jedes kodifizierte Verhalten natürliche Gefühlsbekundungen ausschließe; daß also jede äußere Form Verrat am inneren Wesen sei. Authentisch sein ist ein hohes Ziel geworden. Dabei hat sich der Inhalt dieses Wortes geändert. Es ist heute eher die eigene demonstrierte Ich-heit. Authentizität, Redlichkeit, Wahrhaftigkeit heißt: nicht lügen und sich nicht unter verlogenen Masken verbergen. Aber Redlichkeit heißt nicht einfach die geoffenbarte Blankheit seiner selbst. Redlich und authentisch wird man an einer Sache; an einem Werk, das man verfolgt; an einer Idee, für die man seine Kräfte hergibt. Man kann sich nicht beabsichtigen, ohne sich zu verfehlen. Man kann auch Gemeinschaft nicht beabsichtigen, ohne sie zu verfehlen. Man kann gemeinsam an etwas glauben, an etwas arbeiten und für etwas stehen, und so wird daraus eine Gemeinde. Die Gemeinsamkeit von Gefühlslagen und Gefühlsregungen schafft keine Gemeinschaft, wohl aber die Ge-

meinsamkeit des Handelns, der Wünsche und der Lebensabsichten. Innere Nähe entsteht also bei denen, die etwas zusammen wollen, planen und beabsichtigen. Man findet sich
in diesem Dritten, in der gemeinsamen Lebensoption. Selbst
in äußerst nahen Beziehungen wie in Freundschaften oder in
einer Ehe kommen Menschen nicht mit sich selber aus. Eine
Ehe, die keine Kinder hat und in der Menschen sich nur von
der gegenseitigen Nähe ernähren, ist auf Dauer gefährdet. Es
müssen ja nicht leibliche Kinder sein. Ein solches »Kind«
kann auch eine gemeinsame Arbeit sein. Zusammen auf ein
Drittes schauen verbindet Menschen inniger, als wenn sie
immer nur sich selber anschauen.

Anmerkungen

[1] Th. Fontane: Romane und Gedichte, München 1952, S. 244.
[2] W. H. Riehl: Die Familie, Stuttgart [10]1889, S. 174 und 179, zit. nach J. Ha-
bermas. Strukturwandel der Öffentlichkeit, Frankfurt/Main [4]1995, S. 108.
[3] R. Sennett: Verfall und Ende des öffentlichen Lebens. Die Tyrannei der
Intimität. Frankfurt/Main 1983.

Vom Charme der Höflichkeit

Ich möchte mit dem Begriff Höflichkeit eine kleine Wortprobe machen, die seinen Inhalt erschließen hilft! Was empfinden wir bei »*Ein höflicher Polizist*«? Die Spannung dieser Verbindung liegt darin, daß ein Mensch die Macht und die Amtsgewalt, die er hat, nicht anwendet oder sie so anwendet, daß der Respekt vor dem Menschen nicht verletzt wird, mit dem er es zu tun hat.

Wie hört sich an: »*Ein höfliches Kind*«? Diese Wortverbindung ist recht spannungsarm. Sie besagt, daß das Kind sich so verhält, wie es der sozialen Rolle entspricht, die es in seiner Welt zu spielen hat.

»*Ein höflicher Gatte*«? Ähnlich wie beim höflichen Polizisten nutzt er seine Stärke und seine gesellschaftliche »Überlegenheit« gegenüber seiner Frau nicht aus.

Eine letzte Probe: »*Eine höfliche Frau*«? Nach meinem Gefühl benutzt man diese Wortverbindung selten: Vielleicht hat man sich die Frau deshalb von Natur aus höflich gedacht, weil sie weniger Stärke, Macht und Überlegenheit hat, die man zur Unhöflichkeit eigentlich braucht. Die Unhöflichkeit der Frau kann man sich erst wieder denken, wo sie Macht und Einfluß hat. Die »unhöfliche Ärztin« und die »unhöfliche Pfarrerin« kann man sich vorstellen.

Nach diesem Wortspiel möchte ich eine erste Bestimmung von Höflichkeit versuchen, die vielleicht eher für alte und traditionelle Gesellschaften gilt: Höflichkeit ist die Verdinglichung von menschlichen Beziehungen in Formen und in Sprache, die in einer bestimmten Gesellschaft gelten. Es sind die in Riten und in Sprache aufgeführten sozialen Wichtigkeiten, die in der Gesellschaft anerkannt sind.

Höflich ist also, wenn die Schulklasse aufsteht, wenn der Lehrer die Klasse betritt. Höflich ist, wenn Kinder schweigen, wenn Erwachsene reden; wenn die Jungen eine Verbeugung machen und die Mädchen einen Knicks. Höflichkeit bedient sich der Formen und der Sprache. Sie ist aber viel mehr als die »Äußerlichkeit« einer Form. Die Form führt

Beziehungen auf, festigt diese und macht sie glaubwürdig in der Aufführung. Wo diese Beziehungen sich nun ändern, werden die Formen der Höflichkeit höchst suspekt. Das haben wir am Ende der 60er Jahre erlebt: die Diskreditierung der Form als Diskreditierung der Beziehungen, die durch diese Formen ausgedrückt wird. Und so haben viele von uns Älteren ihren Kindern damals gesagt: »Warum sollst du eine Verbeugung vor einem Erwachsenen machen? Warum sollst du schweigen, wenn er redet? Warum sollst du ihm deinen Platz in der Straßenbahn anbieten? Du bist müde wie er!« Das waren Akte der Humanität und der Befreiung. Sie waren notwendig. Ob sie genügend waren, darüber werden wir noch reden.

Höflichkeit ist aber nicht nur der Ausdruck dafür, daß eine Gesellschaft in Oben und in Unten konstruiert ist. Sie bedeutet auch eine Art von Konventionsspiel, in dem die Mitglieder einer Gesellschaft sich in Ritualen sagen, daß sie zusammengehören. Die Spielregeln haben oft gar keinen Inhalt mehr. Trotzdem haben sie für die Gesellschaft oder für eine Gruppe aus ihr ihre Wichtigkeit, und ihre Verletzung kann dem Übertreter Spott und Verachtung einbringen. Es gibt z. B. keinen Grund, Fisch nicht mit dem Messer zu essen. Trotzdem ist es fast überall in unserem Kulturkreis ein Brauch mit einer nicht unerheblichen Verpflichtung. Es gibt zum Beispiel keinen Grund, den Teller nicht auszulecken, wenn die Suppe geschmeckt hat. Aber wenn wir es tun, erfahren wir, wie wichtig die Regel ist. So praktizieren wir täglich eine ganze Reihe von Regeln, vielleicht ohne daß wir es überhaupt noch bemerken, in deren Einhaltung wir nichts anderes tun, als unsere Zugehörigkeit zu einer Gruppe oder Schicht zu symbolisieren.

Es sind dies übrigens sehr oft Sitten, in denen wir unsere körperliche Unmittelbarkeit zurücknehmen oder verbergen. Wir kratzen uns nicht am Kopf, wenn uns danach zumute ist; wir verbergen unser Gähnen mit der Hand; wir schneuzen uns diskret. Wir fragen nicht offen und grob: Wo ist denn hier das Klo? Sondern wir erkundigen uns diskret nach dem Bad. Höflich ist es, die körperlichen Funktionen zu verbergen.

Welches »wir« meine ich eigentlich, wenn ich sage, daß wir uns in unserer Körperlichkeit einander nicht zumuten und dies für höflich halten? Es ist wahrscheinlich eine hoch individualisierte bürgerliche Schicht, die sich die Regel, sich voreinander nicht zu zeigen, zu eigen gemacht hat. Proletarische oder bäuerliche Kulturen sind viel unmittelbarer zueinander. Sie zeigen sich offener, ihre Sprache ist offener. Es macht ihnen nicht so viel aus, aus einer Flasche zu trinken oder aus einem Topf zu essen. Ich erinnere mich an das Essen bei meiner Großmutter. Gelegentlich gab es eine Art Specksoße, die in einem großen Topf mitten auf dem Tisch stand, und jeder tunkte seine Pellkartoffeln hinein. Interessanterweise hat sich diese Art des gemeinsamen Essens nur noch beim Fondue erhalten. Aber dies ist auch eher eine Zelebration als ein Essen. Je bürgerlicher die Kultur, desto mehr symbolisiert sie in ihren Höflichkeitsregeln die Abgesondertheit der Individuen, übrigens inzwischen auch schon in den Kirchen beim Abendmahl, wo es sehr oft schon den Wein in Privatgläschen gibt. Dies als hygienische Maßnahme zu erklären ist eine nachträgliche Interpretation.

Es gibt nicht nur in der Gegenwart verschiedene Kulturen mit unterschiedlichen Regeln der Selbstdarstellung. Vor allem die Höflichkeitsregeln der Vergangenheit sind mit den unseren kaum noch zu vergleichen. Das hat uns der Philosoph und Soziologe Norbert Elias in seinen großartigen Studien gezeigt. Regeln des Zusammenlebens und des symbolischen Ausdrucks der Beziehungen der Mitglieder einer Gruppe gab es immer. Wie verschieden sie aber waren, zeigen folgende mittelalterliche Anstandsregeln: Man soll bei Tisch sich nicht ins Tischtuch schneuzen (Taschentücher hatte man noch nicht). Aber auch beim Schneuzen in die Hand soll man diskret sein. Mit der Hand nahm jeder das Essen von einer gemeinsamen Platte. Deshalb sollte man bei Tisch auch nicht in Ohren oder Nase bohren. Man soll die Hände nicht am Rock abputzen, den Gürtel beim Essen nicht weiter machen und die abgenagten Knochen nicht auf die Fleischplatte zurücklegen, sondern diese lieber hinter sich werfen. Dies sind Höflichkeitsvorschriften, keineswegs für Kinder aufgeschrieben, sondern für Erwachsene, die etwas auf Hofzucht geben. Für unser Gefühl sind dies sehr elementare Vorschriften. Norbert Elias schreibt in seinem ersten Band über den Prozeß der Zivilisation: »Die Verbote der mittelalterlichen Gesellschaft, selbst der höfisch-ritterlichen, legen dem Spiel der Affekte noch keine allzu großen Beschränkungen auf. Die gesellschaftliche Kontrolle ist verglichen mit später milde. Die Manieren sind gemessen an den späteren in jedem Sinne des Wortes ungezwungen. Man soll nicht schmatzen und schnauben beim Essen. Man soll nicht über die Tafel spucken und sich nicht am Tischtuch schneuzen, das ja auch zum Abwischen der fettigen Finger dient, oder nicht in die Finger selbst (schneuzen), mit denen man in die gemeinsame Platte faßt. Aus der gleichen Schüssel oder auch von der gleichen Unterlage mit anderen zu essen ist selbstverständlich. Man soll sich nur nicht über die Schüssel hermachen, wie ein Schwein, nicht das Abgebissene wieder in die allgemeine Soße tauchen.«[1]

Eigentlich galt als höflich, wie man sich bei Hof benahm; wer sich kleidete, wie man sich kleidete am Hofe des ritterlichen Feudalherrn; wer sprach, wie man dort sprach; wer aß, wie man dort aß, der war höflich. Wer das nicht tat, der war plebejisch oder bäuerlich.

Wenn also Höflichkeit nichts anderes war als die Weise, in der man die Regeln der Feudalhöfe nachahmte; wenn es die Aufführung der Beziehungen war, in denen Menschen zueinander standen; wenn es vor allem auch die Aufführung der Oben-Unten-Beziehungen war, ist es dann nicht an der Zeit, das Wort und die Sache aufzugeben? Es erschien denn auch 1970 ein Buch mit dem Titel: Das Ende der Höflichkeit.[2] Einer der Autoren stellt die Frage, ob es in einer amoralischen und grundunanständigen Gesellschaft überhaupt sinnvoll sei, zum Anstand und zur Anständigkeit, zum sittsamen Benehmen und zum sittlichen Handeln zu erziehen. Ein anderer möchte das bewußte Brechen von Konventionen und Ritualen als Mittel politischer Veränderung einsetzen, um damit zur »Revolutionierung der Revolutionäre« beizutragen und schwankenden Betrachtern helfen, ihre autoritäre Fixierung auf die Nutznießer der Ritualisierungen zu überwinden. Ich kann diesen Autoren nicht gram sein.

141

Indem sie falsche Ritualisierungen aufdeckten und zerstörten, haben sie vielleicht wieder möglich gemacht, was wir positiv unter dem Wort Höflichkeit verstehen. Und darum will ich mich nun kümmern.

Höflichkeit ist eine in Formen und Sprache geflossene Humanität. Damit der Begriff Höflichkeit wieder denkbar wird, muß ich zunächst einiges ausschließen, was ihn in traditionelleren Zeiten gekennzeichnet hat. Höflichkeit ist nicht einfach die zeremonielle Anerkennung von Autoritäten; also eine Tugend von unten nach oben. Kindern wird es leichter sein, höflich zu sein gegen ihre Eltern, wenn ihre Eltern es auch gegen sie sind. Höflichkeit setzt also voraus, daß einer vor dem anderen den gleichen Respekt hat. Höflichkeit spiegelt also nicht nur die in der Gesellschaft herrschende Ordnung. Vielleicht muß man ein Stück Anarchie in den Begriff denken, also Herrschaftsfreiheit, damit er uns wieder lieb werden kann. Heinrich Böll etwa hat dies getan, als er einmal von der Höflichkeit Gottes gesprochen hat.

Höflichkeit ist eine in Formen und Sprache geflossene Humanität. Es ist also ganz wenig – eine Form, es ist ganz viel – eine Humanität. Ich nenne eine Form, die ich als Höflichkeit empfinde. Ein Professor hat Sprechstunde. Wenn ein Student oder eine Studentin sein Zimmer betritt, erhebt er sich und gibt ihnen die Hand. Ebenso steht er auf, wenn er sie verabschiedet. Was geschieht hier? Zunächst, wenn ich rein funktional denke, etwas Entbehrliches. Für die Seminararbeit der Studentin oder für das Examen des Studenten dürfte es ziemlich gleichgültig sein, ob der Dozent aufsteht oder nicht. Es ist nicht mehr als ein kleines Spiel der Achtung, die der Professor seinem Studenten erweist. Es ist nicht viel, und doch viel, wenn wir die Beleidigung eines gegenteiligen Verhaltens bedenken. Der Student betritt das Zimmer, der Professor deutet vielleicht stumm auf einen Stuhl und schreibt noch einen Augenblick den Brief weiter, an dem er gerade sitzt. Auch hier geschieht dem Studenten funktional gesehen nichts Nachteiliges. Aber in der Szene wird dem Studenten eine Nachricht vorgeführt: Du bist mir nicht besonders wichtig! Ich bin der Chef und bestimme, wann und wieviel Zeit ich für dich habe! Du bist von mir abhängig!

Respektlosigkeit ist vielleicht das Gegenteil von Höflichkeit. Wieso aber braucht Respekt eine solche Szene – daß er aufsteht, daß er die Hand gibt! Hat der Professor nicht einen gleichen Respekt, wenn er sitzen bleibt, und was schadet es dem Studenten, wenn er warten muß, bis sein Gegenüber seinen Satz fertiggeschrieben hat? Wozu braucht das innere Gefühl, der Respekt also, die Äußerung und die Aufführung? Wozu braucht die Höflichkeit die Form? Wozu braucht überhaupt eine innere Haltung eine äußere Gestalt? Kommt es nicht einzig und allein auf diese innere Haltung an?

Die Form dramatisiert unsere inneren Absichten, unsere Gefühle und Einstellungen. Was seine Form noch nicht gefunden hat, ist erst halb und ist ständig vom Vergehen bedroht. In der Form werden meine Absichten vor anderen deutlich, und damit werden sie mir selber erst recht deutlich. Um bei meinem Beispiel zu bleiben: Der Respekt vor meinen Studenten wächst, indem ich mich respektvoll benehme.

Vielleicht ist Höflichkeit eine Art Respektliturgie. Die innere Absicht, einen anderen zu respektieren, wird zu einer nach außen gesetzten Landschaft: Man steht auf, man verbeugt sich, man läßt jemandem den Vortritt. Man nimmt sich in den Gesten der Höflichkeit zur Kenntnis. Und dies ist eines der tiefsten Bedürfnisse des Menschen, erkannt zu werden, bemerkt und beachtet zu werden. Es macht die Heiterkeit des Lebens größer, wenn ich jemanden beachte im Spiel der Höflichkeit und wenn ich selber beachtet werde. Jede kleine Geste, mit der ich beachtet werde, indem mir jemand eine Tür aufhält; indem ich jemandem auf einer schmalen Treppe ausweiche, ist wie ein Durchbrechen der Anonymität, der Namenlosigkeit in unserer stummen Gesellschaft: Für einen Augenblick lächle ich einem Menschen zu, den ich nicht kenne und den ich vielleicht nie mehr wiedersehe. Es ist wie ein charmantes Liebesspiel, auch wenn es nur zwei Sekunden dauert.

Ich habe hier von einer Höflichkeit gesprochen, die uns einander näher bringt; in der wir uns wenigstens für einen Augenblick wahrnehmen. Ich überlege, ob es nicht Formen der Höflichkeit gibt, die uns auf heilende Weise voneinander distanzieren. Vermutlich sind Formen der Höflichkeit dort besonders wichtig, wo man alltäglich, wo man lange und wo man nahe miteinander zusammen ist. Ich denke zum Beispiel an die Höflichkeit eines Mannes zu seiner Frau, der Eltern zu ihren Kindern und der Kinder zu ihren Lehrern. Unstrukturierte Intimitäten sind auf Dauer zerstörerisch und schwer zu ertragen. Je näher man miteinander umgeht, um so geregelter muß man miteinander umgehen. Der Antiritualismus, die regelfreie Spontaneität und die Unstrukturiertheit waren das Problem der Kommunen Ende der 60er Jahre. Das alte Regelsystem war zusammengebrochen. Es mußte zusammenbrechen, weil es vor allem das Autoritätsgefälle ausdrückte und regulierte. Man baute damals aber nicht an einer neuen demokratischen Kultur von Regeln, man setzte vielmehr auf regelfreie Unmittelbarkeit. Unmittelbare und unstrukturierte personale Nähe war das einzige, von dem man eine Vertiefung der Humanität und eine Bereicherung des Lebens erwartete. Darum ließen sich viele Eltern von ihren Kindern mit Namen und nicht mehr mit Papa oder Mama anreden; darum duzten sich Schüler und Lehrer, Studenten und Schüler. Alle tendierten zu symbiotischer Nähe. Aber es war ja keine wirkliche Nähe. Die Lehrerinnen waren nicht die Freundinnen ihrer Schüler und Schülerinnen. Sie gaben immer noch Noten und beurteilten sie. Die Professoren prüften ihre Studenten und ließen sie unter Umständen durchfallen – trotz des intimen Du. Die äußeren Formen sind die Bedingungen der Existenz von Beziehungen. Wo sie vernachlässigt werden, kann man sich über die Art der Beziehung niemals klar sein.

Die Sozialanthropologin Mary Douglas schreibt in einem ihrer Bücher: »Wer das Ritual (und sei es auch nur in seinen hochgradig magischen Formen) verachtet, hängt in Wirklichkeit im Namen der Vernunft einem höchst irrationalen Kommunikationsbegriff an.«[3] Die protestantisch-bürgerliche Kultur glaubt an ein Dogma, das ich so umschreiben möchte: Es gab frühe Zeiten, in denen die Vernunft des Menschen noch beschränkt und gering war. Dies war die Zeit, in der die Sozialbeziehungen über Formen geregelt wurden. Je stärker aber Vernunft, Innerlichkeit und Subjektivität der

Menschen wuchsen, um so nebensächlicher wurde die Form und das Äußere. Das Instrument der Regelung der Beziehungen war nun nicht mehr die Form, sondern die Sprache. Die Kurzfassung jenes protestantisch-bürgerlichen Dogmas heißt: Die Sprache ersetzt die Form. Seitdem stehen wir unter ungeheuer anstrengenden und, wie ich meine, zerstörerischen Versprachlichungsdiktaten. Was wichtig ist, muß ständig in die gleißende Klarheit der Ausgesprochenheit gehoben werden. Das Wort allein soll die Klarheit, die Wahrheit und die Solidität einer Sache garantieren – einer Freundschaft, einer Liebe, einer anderen Form der Beziehung. Es geschieht sozusagen alles unter Operationssaalbeleuchtung: jeder Kuß, jede Begegnung, jedes Verhältnis. Aber die menschliche Beziehung braucht auch Verschwiegenheit, Halbdunkel, Halbbewußtes, nur Vermutetes und Geahntes. Es ist sicher richtig, daß die Menschen freier werden, wo sie Sprache gewinnen. Sie werden aber nicht freier dadurch, daß sie Formen verlieren. Die Sprache ist nicht der Fortschritt über die Form. Sprache und Form sind Geschwister, die sich gegenseitig nicht entbehren können bei der Eroberung des Lebens.

Wie aber verhält sich die Höflichkeit und ihr Reigenspiel von Formen zur Wahrhaftigkeit? Kann die Höflichkeit einem Menschen gegenüber, der mir gleichgültig ist oder den ich nicht mag, nicht ein grandioses Lügenspiel sein? Ich mag meinen Kollegen nicht, trotzdem lasse ich ihm den Vortritt, wenn wir durch eine Tür gehen; ich ziehe den Hut vor ihm, und ich habe trotzdem ziemlich wenig Respekt vor ihm und halte ihn für einen Esel. Lüge ich damit? Ja! Aber ich möchte für diese Art von Lüge plädieren. Ich mache mich selber zwiespältig: Da ist einer, den ich nicht mag, und ich erweise ihm Respekt in einer Höflichkeitsform. Ich habe wenig Respekt, und ich erweise Respekt. Warum verzichte ich auf die Redlichkeit, mich zu verhalten, wie es meiner inneren Stimmung entspricht, also grußlos an dem vorüberzugehen, für den ich nichts empfinde?

Sich nur zu verhalten, wie es der augenblicklichen inneren Gestimmtheit entspricht, das ist die Wahrheit von heute. Aber kann es nicht eine größere und umfassendere Wahrheit

145

von morgen geben, die ich im Spiel der Höflichkeit vorweg-
nehme? Ich mag meinen Kollegen nicht, vielleicht habe ich
ein Stück Feindschaft gegen ihn. Nun gut! Das ist die Wahrheit von heute. Aber könnte es sein, daß die freundliche
Geste, die von meinem Herzen nicht völlig gedeckt ist, der
Form gewordene Glaube ist, daß Feindschaften überholbar
sind? Könnte es sein, daß die Höflichkeit das Augenzwinkern gegen meinen augenblicklichen Mißmut dem Kollegen
gegenüber ist – eben jenes Augenzwinkern, das die Versöhnung von morgen ernster nimmt als die Feindschaft von
heute. Man ist sich in diesen Gesten selber voraus. Das aber
ist keine Lüge, sondern Hoffnung; Hoffnung darauf, daß
wir mehr werden können, als wir sind; Hoffnung darauf, daß
das langsame Herz einmal der raschen Form des Respektes
folgen kann.

Anmerkungen

[1] N. Elias: Über den Prozeß der Zivilisation, 1. Band, Frankfurt/Main
⁴1977, S. 142.
[2] D. Kerbs u. a.: Das Ende der Höflichkeit. Für eine Revision der An-
standserziehung, München 1970.
[3] M. Douglas: Ritual, Tabu, Körpersymbolik, Frankfurt/Main 1981, S. 74.

146

Armut, Reichtum und Lebenskälte

Ein Porsche-Fahrer – so war zu lesen – hatte einen Aufkleber an seinem Wagen: Eure Armut kotzt mich an! Man hält bei dieser Nachricht unwillkürlich den Atem an, denn eine größere Blasphemie kann man sich kaum vorstellen. Warum nenne ich dies, und warum ist es wichtig? Ich nenne es, weil dies nicht mehr der moralische Schwachsinn eines einzelnen zu sein scheint. Immerhin werden solche Aufkleber gedruckt; immerhin kann der Schwachsinn sich ungestraft an die Öffentlichkeit wagen.

Dies scheint eine Veränderung der öffentlichen Haltung der Armut und den Armen gegenüber anzudeuten. Das Wort »die Armen« oder »Armut« waren früher nie nur statistische Begriffe, wertneutral also und ohne Appell an die, die nicht in der Lage jener Armen waren. Armut war ein moralischer Begriff. Es schwang mit: sie soll nicht sein, sie soll abgeschafft werden. Niemand soll durch sie erniedrigt und beleidigt werden. »Eure Armut kotzt mich an!« – das ist der Ausdruck einer postmoralen Zeit, in der sich das Bewußtsein von Recht und Unrecht verabschiedet hat.

Zu dieser nachmoralischen Einstellung gehört auch die Unverblümtheit des Reichtums. Jede Woche bringt das Figaro-Magazin auf Glanzpapier den neuen »Kult der Stärkeren« unter die Leute; identifiziert die Stärkeren als die Besseren, Schönen und Mächtigen und verschafft den Reichen ein gutes Gewissen. So werden die ideologischen Apartheidsmauern hochgezogen; das Ideal der Gleichheit wird als Nivellierung und Gleichmacherei verteufelt. Endlich fort mit den Resten einer Solidargemeinschaft aus Starken und Schwachen!

Wovon reden wir, wenn wir von der neuen Armut in der Gesellschaft reden? Wir denken zunächst an die Obdachlosen, die wir auf den Straßen unserer Städte sehen; an die Jugendlichen, die ohne Arbeit herumhängen; an die Bettler, die wieder an unsere Haustüren kommen oder an den Straßenecken sitzen. Diese unmaskierte und überall zu sehende Armut mag die schrecklichste sein; sie ist nicht die einzige. Armut fängt früher an als da, wo einer kein Geld hat, keine Arbeit und kein Dach über dem Kopf. Was also ist Armut? Armut ist die Anhäufung von Lebensbedingungen, die erheblich unter dem Niveau der Gesamtgesellschaft liegen. Ich versuche diesen abstrakten Satz zu konkretisieren: Eine arme Familie hat ein weit geringeres Einkommen als die Durchschnittsfamilie der Gesellschaft; sie wohnt beengt, weil sie sich eine größere Wohnung nicht leisten kann; sie ißt weniger gesundes Essen, weil gute Nahrung teuer ist; sie hat eine schlechtere Gesundheitsversorgung, weil sie sich Extras nicht leisten kann. Die normalen Bildungsmöglichkeiten der Gesellschaft stehen ihr weniger zur Verfügung, weil Bildung auch in unserer Gesellschaft immer noch teuer ist. Die Familie wird in einer Gegend mit einer hohen Bevölkerungsdichte wohnen; die Straßen dort werden stärker verdreckt sein und die Erholungsmöglichkeiten sind geringer. Diese Familie wird weniger Partizipationsspielraum haben, also weniger Anteil an Mitbestimmung und Mitentscheidung in den verschiedenen Lebensbereichen, weil ihr soziales Ansehen gering ist. Um es konkret zu sagen: Die Eltern einer solchen Familie werden weniger oft im Elternbeirat der Schule oder im Kirchenvorstand zu finden sein. Diese Familie wird an ihren geringen Lebensmöglichkeiten leiden; noch mehr aber wird sie daran leiden, daß diese Möglichkeiten geringer sind als die der anderen Mitglieder der Gesellschaft. Sie leiden also daran, daß sie immer schon mit den anderen verglichen worden sind. Arm sein in einer reichen Gesellschaft hat eine andere Qualität als arm sein in einer armen Gesellschaft. Man solle doch – so höre ich einen Politiker sagen – nicht von Verelendung unserer Gesellschaft sprechen; dies sei nicht erlaubt im Blick auf Indien oder Ghana. Aber die Armen unserer Gesellschaft leben nicht in Indien oder Ghana, sie leben in Hamburg oder Frankfurt, das heißt in einem immer noch reichen Land.

Armut heißt also die Unterversorgtheit von Menschen an materiellen Lebensgütern wie Geld, Wohnung, Kleidung, Gesundheit; es heißt die Unterversorgtheit an immateriellen Lebensgütern wie soziales Ansehen, Kontaktmöglichkeit,

Bildungsmöglichkeit und Regenerationsspielräumen. Die Frage ist nun: Was stellt diese Art von Armut mit Menschen an? Läßt sie die Seele der Menschen unberührt, oder wird die äußere Lebensöde und Lebensunmöglichkeit auch zu einer inneren? Ich möchte dieser Frage nachgehen anhand der Selbstdarstellung von Christiane F. in ihrem Buch »Wir Kinder vom Bahnhof Zoo«. 1969 hat sie nach einer Kindheit voller Armut und Härte ihr Leben in der Drogenszene beschrieben. Ihre Eltern haben ursprünglich in einem kleinen hessischen Dorf gelebt. Sie sind dann nach Berlin gezogen, wo sie ein Eheberatungsinstitut eröffnen wollten. Damit sind sie gescheitert. Sie verloren ihre Wohnung in Kreuzberg und landeten mit ihren beiden Kindern in der Gropiusstadt in einer 2½-Zimmer-Wohnung. Christiane F. war damals sechs Jahre alt, und so beschreibt sie ihre Umgebung:

»Gropiusstadt, das sind Hochhäuser für 45 000 Menschen, dazwischen Rasen und Einkaufszentren. Von weitem sah alles neu und sehr gepflegt aus. Doch wenn man zwischen den Hochhäusern war, stank es überall nach Pisse und Kacke. Das kam von den vielen Hunden und den vielen Kindern, die in der Gropiusstadt lebten. Am meisten stank es im Treppenhaus.

Meine Eltern schimpften auf die Proletenkinder, die das Treppenhaus verunreinigten. Aber die Proletenkinder konnten meist nichts dafür. Das merkte ich schon, als ich das erste Mal draußen spielte und plötzlich mußte. Bis endlich der Fahrstuhl kam und ich im 11. Stockwerk war, hatte ich in die Hose gemacht. Als ich es ein paarmal nicht geschafft hatte, von unten rechtzeitig in unser Badezimmer zu kommen, hockte ich mich auch irgendwohin, wo niemand mich sah.«

Eine verödete und unbewohnbare Landschaft ist die Gropiusstadt. Menschen sind in ihre engen Wohnmaschinen gepreßt: 2½ Zimmer, das halbe Zimmer für die Kinder. Die Natur ist wegasphaltiert. Hier und da hat man einen Baum eingepflanzt, er ist geduldet als Museumsstück der Natur. Sonst aber ist die Natur verbannt; alles ist zweckdienlich, nichts ist Umweg, es ist eine Landschaft ohne Schönheit und ohne spielerische Elemente. Die Reduktion der Lebenswelt auf reine Funktionalitäten und die Vertreibung der Natur verstört die Seele. Auch das ist Armut! Ein Teil unserer Lebensgewißheit lernen wir durch die Wahrnehmung der Natur. Wir nehmen ihre Rhythmen, ihre Schönheit, ihr Werden und Vergehen wahr und werden ein Stück lebensgewisser und lebensfrommer. Jeder von uns weiß, wie die Stille eines Waldes, das Rauschen eines Wassers und der Anblick einer blühenden Kastanie heilt, ruhig macht und uns von uns selbst befreit. Eine Reihe unserer Volkslieder verbinden Lebensfreude und Lebenslob mit der Wahrnehmung von Natur. Wenn diese und ihre Schönheit aber nun entfernt sind, wenn der Mensch in unpoetischen und verzweckten Landschaften lebt, dann verliert er die Zuversicht auf das Leben, oder er wird böse.

Die Zweckdienlichkeit der Gropiusstadt kennt kein Geheimnis. Es ist in ihr nichts zu entdecken, und alles ist immer schon von phantasieloser und gähnender Klarheit. Es steckt im Leben kein Abenteuer. Sogar dieses muß geplant werden, etwa im Abenteuerspielplatz für die Kinder. So erzählt Christiane F.: »Als es immer doller wurde mit den Streichen bei uns, haben sie einen sogenannten Abenteuerspielplatz gebaut. Ich weiß nicht, was die Leute, die so was planen, unter Abenteuer verstehen. Aber wahrscheinlich heißen diese Dinger ja auch nicht so, weil Kinder da wirklich Abenteuerliches machen dürfen, sondern weil die Erwachsenen glauben sollen, ihre Kinder könnten da ganz tolle Sachen erleben. Eine Menge Kohle hat das Ding sicherlich gekostet. Und als wir endlich draufdurften, da empfingen uns freundliche Sozialarbeiter: ›Na, was möchtet ihr denn gern machen?‹ und so. Das Abenteuer bestand darin, daß man auf diesem Spielplatz ständig beaufsichtigt wurde.«

Die Kinder besorgen sich ihre Sensationen und ihre Abenteuer, die sie in ihrer fühllosen und ausgeleuchteten Welt nicht finden. Sie machen einen Sport daraus, Fahrstuhl mit offener Tür zu fahren. Sie treiben sich in den Kellern des Hochhauses herum: »Da hatte jeder Mieter eine Box aus Maschendrahtgitter. Die Gitter gingen nicht bis zur Decke. Man konnte also überall reinklettern, um sich zu verstecken. Das war wahnsinnig gruselig. Es war an und für sich schon unheimlich zwischen all dem fremden Kram in ziemlich schummrigem Licht. Dazu kam die Angst, daß jemand kommen könnte. Wir ahnten ja, daß wir so ungefähr das Verbotenste überhaupt machten.«

Die Kinder suchen, was sie in ihrer berechenbaren Welt nicht finden: die Sensation, die Unbeherrschbarkeit der Dinge, das Unheimliche in der Welt falscher Klarheit, das wilde Gefühl in der geordneten Welt – und wenn es das Gefühl der Angst ist. Sie wollen spüren, daß sie leben. Damit aber sind sie schon nahe an der Kriminalität, und so sagt Christiane: »So lernte man also ganz automatisch, daß alles, was erlaubt ist, unheimlich fade ist, und daß das Verbotene Spaß bringt.«

Dieses Balancieren an der Grenze der Kriminalität scheint die einzige Weise zu sein, wie man der toten Welt Leben geben kann und wie man sich vor der inneren Verarmung retten kann.

Es gibt eine andere Weise der Seelenzerstörung, die die Armut hervorbringt, nämlich der Gewalt ausgeliefert zu sein. Armut tut Gewalt an und bringt Gewalt hervor. In der Geschichte der Christiane F. ist vor allem der Vater brutal und gewalttätig. Ohne Arbeit sitzt er zu Hause, und die Familie zittert vor ihm. Alle atmen auf, wenn er abends weggeht.

»Diese Abende waren herrlich friedlich. Wenn er dann allerdings in der Nacht nach Hause kam, konnte es wieder ein Unglück geben. Er hatte meistens etwas getrunken. Irgendeine Kleinigkeit dann, und er rastete total aus. Mein Vater sagte immer, Ordnung sei das Wichtigste im Leben. Und wenn er nachts Unordnung sah, dann zerrte er mich aus dem Bett und schlug mich. Dann warf mein Vater unsere Sachen auf den Fußboden und befahl, in fünf Minuten wieder alles ordentlich einzuräumen. Das schafften wir meistens nicht und bekamen nochmal Kloppe … Ich fand es ziemlich normal, daß er so oft um sich schlug. Bei anderen Kindern in der Gropiusstadt war es zu Hause nicht anders.«

Ich lasse mir von dem Text ein erstes Stichwort geben: Ordnung. Von ihr sagt der Vater, sie sei das Wichtigste im Leben, und wenn sie gestört ist, gerät er in maßlose Wut. Der Vater sucht nicht nur einen Anlaß, das Kind zu schlagen. Die äußere Ordnung hat eine Art Heilsbedeutung für ihn. Wo

die Armut das Leben verstört und wo das Leben nicht mehr einsichtig und sinnvoll ist, da gewinnen die formalen Ordnungen eine essentielle Bedeutung. Und umgekehrt: Je mehr Menschen sich ihres Lebens gewiß sind, eine Gegenwart haben, die sie erfüllt, und eine Zukunft erwarten, die sie nicht panisch macht, desto spielerischer können sie mit Ordnungen umgehen. Sie geraten dann nicht mehr in Panik, wenn sie äußere Ordnungen verletzt sehen. Mit Ordnung meine ich nun nicht allein die Bedeutung, die sie in diesem Beispiel hat – daß die Kleider der Kinder nicht an der richtigen Stelle liegen. Ich meine damit vor allem die Ordnungen der Beziehungen, die in dem Maße erstarren, wie die Armut das Leben gefährdet und unselbstverständlich macht. Da nämlich scheint die formale und äußere Ordnung die innere Lebensgewißheit zu ersetzen. Die Rollen in der Familie werden starr, die Beziehungsverläufe werden schematisch. Der Vater etwa ist in einer solchen Starre nur Vater. Seine Rolle enthält bestimmte Eigenschaften und andere nicht: er weint als Mann nicht; er ist hart; er befiehlt, er straft, er versorgt die Familie materiell (in der Geschichte der Christiane F. kommt wohl ein Teil der Wut des Vaters daher, daß seine Rolle gebrochen ist und die Mutter das Geld verdient). In einer solchen starren Rollen- und Ordnungsauffassung kann der Vater nur seine eigene Rolle haben. Der Vater kann nicht Kind sein und spielen; er muß auf seiner Überlegenheit beharren und kann sich nicht entschuldigen; er darf keine mütterlichen Eigenschaften zeigen; er darf nicht weich und einfühlsam sein – das ist unmännlich. Die Rolle des Vaters definiert die Rollen der anderen Familienmitglieder. Ist der Vater hart, hat die Mutter eher weich zu sein. Ist der Vater befehlend und tonangebend, haben Mutter und Kinder eher zu gehorchen. Auch Mutter und Kinder können, wenn Verhalten so rigide definiert ist, ihre Rollen nicht wechseln, mit ihnen spielen und ein neues Verhalten probieren. Die Zwänge, unter denen die Gruppe steht, fressen die Freiheit und die Individualität der einzelnen auf. Keiner kann entrinnen, und alle sind Opfer, auch jener gewalttätige Vater.
Ich komme noch einmal auf seine Aggressivität der Frau und den Kindern gegenüber zurück. Armut lehrt Feindschaft;

kaum Feindschaft gegen die, die die Armut verschulden, sondern Feindschaft gegen die, die in der gleichen Lage sind. Feindschaft des Vaters gegen die Kinder, Gewalt des Mannes gegen die Frau, Feindschaft der einen Familie gegen die andere. Alle Väter verhalten sich so wie jener Familienvater. Solidarität, also das, was die Armen am meisten brauchen, kommt kaum zustande. Vielleicht ist das das Merkmal der neuen Armut, daß diese keine *Kultur* hervorbringt. Ich denke an die ländliche Armut älterer Zeiten, die ein gemeinsames Schicksal war und in der es so etwas wie eine Kultur des Teilens gab. Ich denke an die Arbeiterbewegung des letzten Jahrhunderts, die eine hohe Kultur der Solidarität hatte. Man wußte: das Schicksal von einem ist das Schicksal von allen. Vielleicht haben wir kollektive Begriffe und kollektive Lebensvorstellungen verlernt im Zuge fortgeschrittener Individualisierung. Daß sich die Zustände für alle ändern könnten, scheint als Hoffnung zu verschwinden. Die Hoffnung der einzelnen scheint nur noch, daß sie eben als einzelne eines Tages der Misere entkommen, eine bessere Arbeit und Wohnung finden.

Dieses Muster, das eigene Leben zu gewinnen mit dem Mittel der Feindschaft gegen andere, übernehmen die Kinder früh. Christiane F.: »Wir spielten mehr gegeneinander als miteinander. Es ging eigentlich immer darum, den anderen irgendwie zu ärgern. Zum Beispiel ihm ein neues Spielzeug wegzunehmen und kaputt zu machen. Das ganze Spiel war, den anderen fertigzumachen und für sich selbst Vorteile herauszuschinden, Macht zu erobern und Macht zu zeigen.«

Ich möchte hier eine Geschichte erzählen, die ein neunjähriges Kind sich ausgedacht und aufgeschrieben hat. Es wohnt mit seinen Eltern in einem Slumgebiet. »Einmal stand ein Junge unter einer mächtige Metallplatte. Langsam senkte sich die Platte auf ihn herab. Es war aber ein Junge, der Insekten und Käfer liebte. Der Junge hätte die Platte mit einem Knopfdruck aufhalten können. Aber auf dem Knopf der Maschine krabbelten zwei Marienkäfer, und um die Maschine zu stoppen, hätte er die beiden Käfer töten müssen. Die Platte war nur noch 10 cm über seinem Kopf. Da entschied er sich, die Marienkäfer zu töten, und schnell drückte er den Knopf. Die Platte stand still. Er war gerettet, die Marienkäfer aber waren tot. Die Moral: Zerschmettere oder du wirst zerschmettert!«

Dieses Kind hat seine bittere Lebenslektion früh gelernt. Überleben kann man nur durch Gewalt und durch Feindschaft gegen das andere Leben. Unsere Kinder lernen am Leben, das sie erfahren, was das Leben ist und wie man das Leben behandeln soll. Den ersten Glauben und die erste Hoffnung auf das Leben lernt der Mensch nicht in Sätzen. Der Mensch lernt an der Art, wie die Welt für ihn eingerichtet ist und wie er behandelt wird, was man von der Hoffnung und von dem Glauben an das Leben halten soll. Er lernt, wer er ist, an der Art, wie man ihn behandelt. Oft kommen die großen Sätze der christlichen oder humanistischen Traditionen zu spät, die sagen, daß der Mensch zur Freiheit berufen ist und daß seine Würde unantastbar ist. Die Menschen haben vielleicht schon lange gelernt, daß ihnen die Freiheit genommen ist, daß man den Zwängen nicht entkommt und daß die Würde täglich angetastet wird.

Ich möchte diesen Teil beschließen mit einigen Sätzen von Brecht: »Es gibt viele Arten zu töten. Man kann einem ein Messer in den Bauch stechen, einem das Brot entziehen, einen von einer Krankheit nicht heilen, einen in eine schlechte Wohnung stecken, einen durch Arbeit zu Tode schinden, einen zum Selbstmord treiben, einen in den Krieg führen usw. Nur weniges davon ist in unserem Staate verboten.«

Ich habe bisher an einigen Beispielen aus der Geschichte der Christiane F. zu zeigen versucht, wie die äußere Verarmung auch zur inneren Armut führen kann. Ich möchte nun versuchen, den Zusammenhang von Reichtum, Gewalt und gesellschaftlicher Verödung darzustellen. Als Bild möchte ich eine Geschichte voranstellen, die von Franz von Assisi erzählt wird.

Ein Novize, also ein junger Mönch, wollte unbedingt ein Psalmenbuch für sich alleine besitzen. Er bat also den Oberen eines Ordens um Erlaubnis dazu, die dieser auch gewährte. Der Novize aber wollte auch die Zustimmung des Franz, des Gründers des Ordens. Franziskus antwortete ihm: Wenn du erst jenes Psalmenbuch hast, dann wirst du begehrlich werden und ein Brevier besitzen wollen, also ein noch dickeres und kostbareres Buch. Und wenn du erst ein Brevier hast, dann wirst du auf dem Katheder sitzen wie ein großer Prälat, und du wirst zu deinem Bruder sprechen: Bruder, komm her und reiche mir das Brevier.

Obwohl das Bild der Geschichte aus dem interpersonalen Bereich genommen ist, drückt es doch eine gesellschaftliche Wahrheit aus. Das Eigentum, das ich den anderen voraus habe, führt zur Gewalt und zur Verfügungsmacht über die anderen, und dies wiederum zerstört die Geschwisterlichkeit des Lebens. Mit dem ist der Besitzer des Breviers nicht mehr wirklich verbunden, zu dem er sagen kann: Komm her und reiche mir das Brevier. Der Verfüger beraubt zwei Leben: Er raubt dem, den er noch Bruder nennt, die Verbindung zu sich. Aber er beraubt sich auch selber der Verbindung mit dem anderen Leben und stürzt sich in die Isolation und in die Zusammenhanglosigkeit.

In unserer Gesellschaft wächst einerseits die Armut und die Ohnmacht; es wächst die Unmöglichkeit, das eigene Leben zu gestalten. Andererseits gehören wir zu den reichsten Ländern der Erde. Mit dem Reichtum aber hat sich in der westlichen Welt eine Gewalt- und Siegermentalität breitgemacht, die das Leben verödet. Der Ort der Sieger ist da, wo man die Intelligenz, die technischen Mittel, das Geld und die Gewissenlosigkeit hat, dem anderen Leben – der nicht belebten Natur, den Tieren, anderen Völkern und vielleicht auch den eigenen Enkeln – hauptsächlich als Züchter, Jäger, Beutemacher und Benutzer gegenüberzutreten. Der gesellschaftliche Reichtum hat uns zur Gewalt und zur Herrschaft befähigt, und so befähigt er uns, uns selbst zu zerstören.

Ich möchte den Zwang zum Siegen und die Machermentalität an drei Bildern erklären. Mein erstes Bild: der Golfkrieg. Man kann dafür auch Hiroshima, Nagasaki oder Dresden einsetzen! Es lebt im Irak eine zynische Machtclique, unberechenbar für die ganze Region und gefährlich für Israel. Saddam Hussein überfällt Kuwait. Eine kurze Zeit verhandelt der Westen, droht, versucht ein Embargo. Unglaublich rasch fällt ihm die andere Lösung ein, die das Grundmuster

fast aller unserer Lösungen ist, die Gewalt. Die Berichterstattung hat uns vorgetäuscht, es sei eine kurze und erfolg-
reiche Strafexpedition gegen den Tyrannen gewesen, und
jetzt sei alles im Lot. Es war ein Krieg gegen Menschen.
200 000, 300 000 Menschen sind getötet worden. Wir wissen
es immer noch nicht genau. Die zerstörte Infrastruktur und
die ausgebombten Krankenhäuser lassen sie weiter sterben.
Man muß die Zahlen zu Gesichtern machen: zu Kindern, zu
Liebespaaren und zu alten Leuten, die in Ruhe sterben wollten. Und nichts ist gelöst durch die Gewalt, auch Israel ist
dadurch nicht sicherer.

Mein zweites Bild (es hat auf den ersten Blick nichts mit dem
Irak-Beispiel zu tun): nicht krank sein können. Ich beob-
achte mich selbst bei einer Grippe, unter der ich zu leiden
hatte. Meine Arbeit hatte ich um diese Zeit genau geplant.
Nun kam diese Krankheit und brachte mich ins Stolpern. Ich
mußte liegen, die Zeit verrann, ich war nicht mehr Verfüger,
und so wurde diese Krankheit meine Feindin. Sie hatte keine
Botschaft für mich. Besser gesagt: Ich ließ nicht zu, daß sie
ihre Botschaft ausrichtete. Der Arzt und ich verfielen in eine
Art Militärjargon: Wir wollten die Abwehrkräfte stärken,
wir wollten die Krankheit besiegen, und wenn ein Mittel
nicht half, haben wir schwerere Geschütze aufgefahren. Die
Krankheit konnte ich also nicht als zu mir gehörig verstehen,
als meine Schwester, die mich die Langsamkeit, die Nach-
denklichkeit und die Endlichkeit lehrte. Die Krankheit war
etwas außer mir, das zu überwinden war. Es wurde mir deutlich, was ich – ohne es selbst zu wissen – unter Gesundheit
verstand: Stärke, Fitneß, Robustheit, Herr meiner selbst und
der Umstände meines Lebens zu sein. Ich habe in dieser Zeit
nicht verstanden, daß auch Geduld, sich aus der Hand geben
können, die Einwilligung darin, nicht jederzeit Herr der
Lage zu sein, zur Gesundheit gehören. Ich habe nicht verstanden, daß auch warten können, leiden können und Einverständnis mit der Schwäche zur Gesundheit gehört. Siegen
müssen – auch gegen sich selbst! Gewalt anwenden müssen
– auch gegen sich selbst!

Mein drittes Bild: Die unverhüllte Gewalt gegen die Tiere.
Wir wissen, wie heute an vielen Stellen Schweine gehalten

werden. Sie stehen auf engstem Raum. Jede überflüssige Bewegung wird durch Metallbänder um Hals und Brust verhindert. Sie stehen auf Spaltböden, deren Säuberung keine Arbeit mehr macht. Es gibt fast nur noch künstliche Befruchtung. Die männlichen Schweine werden sofort kastriert, damit ihr Fleisch besser schmeckt. Die Schweine sind so natur- und lebensentwöhnt, daß sie in einem freien Pferch zusammenbrechen oder an einem Herzinfarkt eingehen. Der Sieg über das andere Leben ist total.

Wie komme ich dazu, diese drei Bilder einander zuzuordnen? Die innere Struktur des Denkens, der Lebensauffassung und des Handelns ist die gleiche. Ich will sie so beschreiben: Das Mittel, das eigene Leben zu erringen und die eigenen Ziele zu verfolgen, ist die Gewalt nach außen. Es kann nur in den Kategorien von Sieg und Niederlage gedacht werden. Darum ist Stärke, Abwehr und Kampfbereitschaft die ewig geübte Haltung. Schwäche und Verwundbarkeit ist auszuschließen. Alles muß rasch, umweglos und ohne Zeitverlust geschehen, und alle Handlungen sind zielorientiert. Die Zerstörung und der Schmerz des behandelten Lebens wird ausgeblendet. Das zeigt uns deutlich die Berichterstattung über den Golfkrieg und der oft wiederholte Videofilm, der durch ein Fadenkreuz hindurch den Zielflug einer ferngesteuerten Bombe vorführte, die zentimetergenau ihr Objekt trifft. Diese Bilder interpretieren den Krieg als einer Art technischer Operation. Sie erzeugen eine qualifizierte Unwissenheit über die Schmerzen der Opfer, die man braucht, damit man ihnen diese Schmerzen zufügen kann. Der Zusammenhang allen Lebens wird geleugnet. Unverbunden sind hier Subjekte und dort Objekte, die zu behandeln sind. Unverbunden sind die Täter mit den anderen Menschen, mit der nicht-menschlichen Natur und auch mit sich selber. Vielleicht ist diese Zusammenhanglosigkeit die tiefste Art, Gott zu leugnen, der doch die Einheit des Lebens ist. Die Sieger isolieren sich, und so nehmen sie sich selbst das Leben.

Wie dieser rasende Bemächtigungswahn zur äußeren Versteppung des Lebens führt, sehen wir allenthalben. Wir sehen es am sterbenden Wald, an den betonierten Landschaften, am Sterben von ganzen Völkern. Aber die Sieger versteppen selber, denn sie können nur noch siegen. Es kann keine glückenden Niederlagen mehr geben, keine Schwächen, die den Menschen menschlich machen. Lieder, Poesie, Gebet und Religion verkümmern, weil diese die Tugenden der Zartheit und der Sensibilität brauchen. Diese aber sind nicht die Stärke der Macher.

Genug geklagt und genug der apokalyptischen Beschreibung! Fragen wir lieber, was wir lernen sollen, damit das Leben freundlich wird; damit eine Kultur des Teilens entsteht und damit wir unseren Bemächtigungswahn loswerden. Man muß zwei Fragen stellen. Die eine: Welche Politik braucht man, damit eine Kultur des Teilens entsteht? Die andere: Welche inneren Haltungen, man könnte altmodisch sagen: Welche Tugenden braucht man, damit die Besiegungszwänge in Leben verwandelt werden? Nur auf diese letzte Frage will ich hier eingehen: Was braucht man, um sich nicht zu Tode siegen zu müssen? Ich möchte über zwei Fähigkeiten sprechen, die mir in diesem Zusammenhang überaus wichtig sind: die Fähigkeit, langsam zu sein, und die Fähigkeit, einfach zu sein.

Die Langsamkeit: Die Langsamkeit ist die älteste Schwester der Gewaltlosigkeit. Ich will es an einem Beispiel erklären. Wenn ich vor 200 Jahren nach Rom wollte, dann mußte ich eine Reise machen. Rom war nicht jederzeit – sommers wie winters – verfügbar. Ich mußte daran *arbeiten,* dorthin zu kommen. Ich mußte das Wetter aushalten, ich mußte Gefahren bestehen. Schritt für Schritt näherte ich mich der Stadt. Rom war nicht nur Rom, es war auch die Reise nach Rom. Es gab nicht den raschen, gewaltsamen Zugriff auf die Stadt, nicht ihren unmittelbaren Besitz und Genuß. Eine zeitaufwendige und langfristige Annäherung an die Stadt war notwendig. Und näherte man sich endlich dieser Stadt, dann war sie wie eine lange gewachsene Frucht, nicht wie ein schnell eroberter Besitz. Wir wissen aus alten Reiseberichten, wie die Sehnsucht nach Rom wuchs mit jedem Tag der Annäherung. Goethe schreibt am Abend, bevor er in die Stadt kommt, aus Citta Castellana: »Morgen abend also in Rom! Ich glaube es noch jetzt kaum, und wenn dieser Wunsch erfüllt ist, was soll ich mir nachher wünschen!« Die

Sehnsucht der langsamen Näherung macht das Ziel mit jeder Stunde des Wartens köstlicher. Rom hatte dem Reisenden sein Eigenes und seinen Widerstand entgegengesetzt. Er mußte an ihm arbeiten. Eben darum hat man in jener Zeit nicht nur Berichte über Rom geschrieben, sondern Berichte über die Reise nach Rom.

Es gibt also eine Langsamkeit, einen Verzicht auf die rasche Eroberung, die mir die Dinge köstlicher macht und die mich bei ihnen beheimatet. Und es gibt die imperiale Raschheit, Unmittelbarkeit und Direktheit, die Dingen und Menschen keine Zeit läßt und ein erotisches Verhältnis zu ihnen zerstört.

Die zweite Fähigkeit, die wir brauchen, ist die Tugend der Einfachheit. Daß Armut den Leib zerstören und die Seele taub machen kann, habe ich am Anfang gesagt. Daß aber auch Überfluß dem Menschen die Seele wegfressen kann, das lernen wir nur langsam. Man kann nicht ein sinnlich-intensives Verhältnis zu den Dingen haben, wenn man alles in dauerndem Überfluß hat und konsumiert. Man sucht die Lebensintensität in der Quantität, und dies ist eine vergebliche Suche. Wenn uns die Dinge überall und in Fülle zur Verfügung stehen und wenn wir sie wahllos konsumieren, können wir kein sinnlich-erotisches Verhältnis zu ihnen entwickeln. Überfluß stört die Intensität, die Genußfähigkeit und die Beziehungsfähigkeit der Menschen.

In allen Kulturen hat man gewußt, daß man ersticken kann, wenn man alle Möglichkeiten nutzt, die man hat. In allen Kulturen haben Menschen gewußt, daß sie nicht menschlich leben können ohne Selbstbeschränkung; ohne sich zumindest zeitweise der Möglichkeiten zu begeben, die man hat. Sie haben gewußt, daß man nur in einem einfachen Leben auf sich selbst und auf die Dinge stoßen kann. Es geht hier nicht um eine Opferaskese. Es geht um die Glücksfähigkeit und um die Kraft, sich im Leben zu beheimaten. Wir sind nicht zu Hause, wo wir zu unserer Welt hauptsächlich ein Kaufs- und Gebrauchsverhältnis entwickeln und wo wir an ihr konsumistisch ersticken. Die reine Quantität und Fülle entsinnlicht das Leben. Wir erfahren also nicht mehr, was Brot ist und Wein; was Wasser ist und die Nacht; was Stille ist und die Liebe. Die immer anwesende Fülle stumpft ab, wir verlernen unsere Sinne. Wir verlernen zu riechen, zu schmecken, zu fühlen, zu sehen. Eine unsinnliche Welt ist aber eine sinnlose Welt. Sinnlichkeit und Sinn hängen nicht nur in ihrem Wortstamm zusammen. Kein Sinn ohne Sinnlichkeit. Die Fähigkeit sinnlicher Wahrnehmung ist zugleich die Einübung in Lebensgewißheit. Wenn ich an einem klaren Frühlingshimmel einen Zug Kraniche nach Norden ziehen sehe, dann befrage ich das Leben nicht mehr, ich staune. Wenn ich die anmutige Geste eines Kindes sehe; wenn ich das Singen des Windes höre; wenn ich den Sonnenaufgang über einem See erfahre, dann verstummt der Zweifel – wenigstens für eine Stunde, wenigstens für einen Augenblick. Wenn ich in meiner Erfahrungsfähigkeit nicht verstümmelt bin, dann weisen die Dinge über sich hinaus, sie haben einen Gesang und eine Sprache, sie loben Gott in seinen versteckten Namen. Sie sagen, daß im Leben ein Stück Güte liegt wie Gold im Gestein. Schönheit heilt, und Schönheit vertreibt den Lebenszweifel. Aber man muß fähig sein, sie wahrzunehmen.

Langsamkeit und Einfachheit habe ich neue Tugenden genannt. Tugendvorstellungen stammen durchweg noch aus alten und vormodernen Lebensverhältnissen, aus Zeiten und Lebensräumen, in denen die Menschen nicht Herr ihrer selbst waren und in denen die Verhältnisse ihres Lebens karg und arm waren. Die Natur hat ihnen zugesetzt und hat ihnen kaum das Nötigste zugestanden. Die gesellschaftlichen Verhältnisse schienen unumstößlich. Es ist nicht verwunderlich, daß in solchen Zeiten die Tugenden der Entsagung und der Ertragung gepriesen wurden. »Gib dich zufrieden und sei stille« war der Tenor jener Tugenden.

Unsere Verhältnisse sind anders. Unsere Ohnmacht – zumindest in der Ersten Welt – entsteht weniger aus der unabänderlichen Verhängtheit der Sachverhalte als aus unserem rasenden Behandlungswissen und aus den toll gewordenen Bemächtigungszwängen. Mit dem Plädoyer für Langsamkeit und Einfachheit will ich nicht die Machtlosen trösten, sondern den Machern in den Arm fallen, die das Leben aufs Spiel setzen.

Es sind nicht Tugenden, die einer für andere leistet, es sind also nicht Selbstentsagungshaltungen. Die pathischen Fähigkeiten – also die Fähigkeit, nicht zuschlagen zu müssen und nicht Sieger sein zu müssen – hüten das Leben von allen; unser eigenes, das der übrigen Kreatur und das Leben unserer Enkelkinder. Jeder wird durch sie reicher. Und erst das kann man eine Tugend nennen: die Fähigkeit, so zu handeln, daß keiner verliert.

Drei Versuche, lesen zu lernen

I. Wessen Gesicht erkenne ich?

Gott der Herr hat mir eine Zunge gegeben, wie sie Jünger
haben, daß ich wisse, mit den Müden zu rechter Zeit zu reden. Alle Morgen weckt er mir das Ohr, daß ich höre, wie
Jünger hören. Gott der Herr hat mir das Ohr geöffnet. Und
ich bin nicht ungehorsam und weiche nicht zurück. Ich bot
meinen Rücken dar denen, die mich schlugen, und meine
Wangen denen, die mich rauften. Mein Angesicht verbarg
ich nicht vor Schmach und Speichel. Aber Gott der Herr
hilft mir, darum werde ich nicht zuschanden. Darum hab ich
mein Angesicht hart gemacht wie einen Kieselstein; denn ich
weiß, daß ich nicht zuschanden werde. Er ist nahe, der mich
gerecht spricht; wer will mit mir rechten? Laßt uns zusammen vortreten! Wer will mein Recht anfechten? Der komme
her zu mir! Siehe, Gott der Herr hilft mir; wer will mich ver-
dammen? Siehe, sie alle werden wie Kleider zerfallen, die die
Motten fressen. (Jesaia 50, 4–9)

Ein Freund hat mir ein Bild geschenkt, es stellt den Kopf eines Menschen dar. Es ist nicht ganz deutlich, ob es ein Mann
oder eine Frau ist. Über Kopf und Stirn laufen Striche. Ich
kann eine Dornenkrone vermuten, ich kann auch ein Gesicht hinter Gefängnisdraht darin lesen. Einmal meine ich
dieses deutlich zu sehen, einmal jenes. Auf jeden Fall ist es
ein Mann oder eine Frau der Schmerzen.
Wer ist das Gesicht im Jesaia-Text, und wer spricht da? Ist es
der vom Deuterojesaia gezeichnete Prophet Jeremia? Ist es
das jüdische Volk in babylonischer Gefangenschaft? Ist es
Christus, wie ihn die kirchliche Liturgie in der Passionszeit
in diesen Text liest? Ist es das leidende brasilianische Volk,
dessen Stimme der Befreiungstheologe Carlos Mesters im alten Gottesknechtslied hört? Ich brauche mich nicht zu entscheiden. Ich muß das Bild nicht eindeutiger machen, als es
ist. Eines ist sicher: das Volk in der Gefangenschaft, die bra-

silianischen Bäuerinnen und Jochen Klepper, der den Text zu einem Morgenlied umgedichtet hat und der sich mit seiner Frau in der Nazi-Zeit das Leben genommen hat – sie alle sind Kommentare zu der alten Jesaia-Stelle. Sie singen das Lied neu, und ohne ihre Stimme wäre das alte Lied unhörbar. Ohne diese Kommentare ist das alte Buch unlesbar.

Wenn das Gottesknechtslied nicht das Lied von Schmerzensmenschen wäre, dann wäre es unerträglich in seiner Selbstgewißheit: »Der Herr hat mir eine Zunge gegeben und das Ohr geöffnet. Ich bin nicht ungehorsam und weiche nicht zurück. Ich werde nicht zuschanden. Wer will mein Recht anfechten?« Wer ist sich da seiner Sprache und seines Wissens so sicher? Wer ist sich so sicher, daß seine Gegner wie mottenzerfressene Kleider zerfallen und daß Gott auf seiner Seite ist? Es ist ein Geschlagener, ein Bespuckter und ein Geschmähter. Die Geschlagenen wissen die Wahrheit. »Was ist Wahrheit?« fragt Pilatus. Und mit ihm fragen dies alle modernen Pilaten, die die Wahrheit nicht mehr erkennen vor dem Strom der dahintreibenden Ansichten. Die Gottesknechte wissen die Wahrheit. Sie wissen zumindest, was nicht sein soll: daß einer geschlagen, bespuckt und geschmäht wird. Es kann sein, daß jemand, der nicht Flüchtling ist und das Asylproblem in theoretischer Allseitigkeit bedenkt, über seine Unentschiedenheit in der Asylfrage nicht hinauskommt. Wer aber auf der Flucht ist, kann sich so viel Unentschiedenheit nicht erlauben. Er und alle, die mit ihm solidarisch sind, verlassen die zwielichtige Unentschlossenheit und wachsen in der Wahrheit, daß jeder eine Stelle haben soll, auf der er wohnen kann; auf der er nicht geschlagen, bespuckt, verjagt oder verbrannt werden soll. Es gibt Wahrheiten, die nur durch Erleiden und in der Tat gewonnen werden können und die den Betrachtern verschlossen bleiben. Eine andere Gewißheit hat dieser Gottesknecht oder die Gottesmagd: Gott der Herr hilft mir. Er ist nahe, der mich gerecht spricht; wer will mit mir rechten?

Der Gottesknecht gebraucht als Bild für seine Gewißheit das Gericht, vor dem er sein Recht bekommen wird. Hier lächelt Pilatus. Vor welchem Gericht bekommen die Bespuckten und Geschlagenen Recht? Wo ist das Land, in dem die Schläger verurteilt werden, und nicht die Geschlagenen? Es ist merkwürdig! Kein Pilatus lernt, was der Geschmähte gelernt hat: Das Recht wird siegen, das Leben wird einen guten Ausgang haben, und die Hoffnung schreit nicht ins Leere. Die Pilaten denken viel nach über den Sinn des Lebens. Sie haben Zeit dazu. Aber sie kommen auch da nicht hinaus über ihre Unentschiedenheit und über ihren milden Zweifel. Die Gottesknechte verlangen Gott, weil sie ihn brauchen. Es gibt Situationen der Armut, des Leidens, der Krankheit und des erfahrenen Unrechts, die einen einfältig machen. Man wird in ihnen ganz untheologisch, das heißt man glaubt nicht mehr an den eigenen Glauben, sondern an Gott. Man hofft nicht mehr auf die eigene Hoffnung, sondern auf Gott. So wird die Sprache des Gottesknechtes einfach wie Brot: Ich werde nicht zuschanden!

Wer ist der Gottesknecht? Die Narben von vielen Leiden und die Züge von vielen Opfern sind in seinem Gesicht eingetragen. Die Theologie drängt eher auf Klarheit und versucht das Gesicht identifizierbar zu halten. Die Frömmigkeit unterscheidet nicht.

In einem Gedicht von Helder Camara heißt es:

Wenn ich sie sehe
die Kinder meines Volkes,
die Welt ohne Stimme:
abgezehrt,
den Bauch aufgebläht,
den Kopf übergroß
und, sehr oft,
leer,
zurückgeblieben,
als ob er fehlen würde,
es ist Christus,
dem ich begegne.

Man muß nur lesen können, und man wird die Züge des Einen in allen anderen Gesichtern entdecken.

II. Der Zettel

Bitte schön,
wer haben arbeiten zuhause in den garten
und zwei arbeiten,
schreiben bitte adresse telefon
1)
2)

Es ist früh am Morgen nach einer eisigen Novembernacht. Ich lese in der Zeitung, daß in Europa in den letzten Tagen 50 Obdachlose erfroren sind, davon in Deutschland sieben. Im vergangenen Winter waren es 33, die in den kalten Nächten gestorben sind. 300 000 Menschen sind bereits in den neuen Ländern ohne Obdach. In den alten Bundesländern waren es 1990 830 000. Was fange ich mit den Zahlen an? Hinter jeder einzelnen steht ein Gesicht, aber ich kann sie mir nicht zu Gesichtern machen. Die Kraft eines einzelnen reicht nicht aus.

Aber dieser Zettel! Ich sehe ihn seit drei Tagen auf meinem Weg zur Arbeit:

Bitte schön
wer haben arbeiten ...

Der Zettel ist in schlechtem Deutsch geschrieben und nicht ganz verständlich; am Ende hoffnungsvoll eine 1) und eine 2) angegeben, damit jemand seine Adresse aufschreibe. Der Zettel verstört mich mehr als die Zahlensummen der Zeitung. Wer hat ihn geschrieben? Ein Mann, eine Frau? Woher kommt sie? Wovor ist sie geflohen? Wen liebt sie? Nach wem sehnt sie sich? Die Unbekannte wird zu einem Gesicht. Ihre Nachricht ist nicht allgemein, sie ist für mich. Sie bezieht mich und alle, die den Zettel lesen, in ihr eigenes Drama ein wie in einem modernen Theaterstück, in dem die Zuschauer nicht im Saale sitzen und die Spieler auf der Bühne bleiben.

»Bitte schön, wer haben arbeiten zuhause in den garten.« Der Schreiber kann kaum schreiben. Aber das ist nicht die Frage. Die Frage ist: Kann ich lesen? Kann ich auf dem Zettel die Handschrift Christi lesen? Kann ich die letzte Hoffnung Christi in ihr entziffern, der auf eine Adresse und eine

Telefonnummer wartet? So ist der Zettel nicht nur ein Appell an meine Moralität. Er wird zur entscheidenden Glaubensfrage: Vermag ich Christus zu erkennen im Schreiber des Zettels am Baum auf dem Weg zu meinem Wissenschaftstempel, der Universität? Mein Gott! Wie unerheblich werden alle Fragen der Theologie vor dieser einen Frage: Kann ich lesen? Spiele ich mit? Bleibe ich im Zuschauerraum? Lasse ich mich auf die Bühne zerren?

Werde ich, wenn ich Zuschauer bleibe, weiter das Vaterunser beten können: Wie im Himmel so auf Erden? Werde ich das Glaubensbekenntnis sprechen können, wenn ich hier den Glauben verweigere – in der Handschrift des Schreibers die Handschrift Christi zu erkennen? Ich mag noch so oft sagen »geboren von der Jungfrau Maria«, wenn ich nicht glaube, daß Christus auch in den Schreiber des Zettels geboren ist. Der Geist ist aus den Worten geflohen. Der Zettel stellt mir die Glaubensprobe.

Wenn ich mir vor diesem Zettel wenigstens keinen Trost erlaube, etwa den Trost der eigenen Schwäche und Ohnmacht! Daß ich etwa als Vorübergehender sage: »So ist der Mensch, und was kann ich tun und ändern! Und ›letztlich‹ sind wir vor Gott alle schuldig und auf seine Barmherzigkeit angewiesen«. Das Wort »letztlich« ist eines der großen Lügensignale in kirchlicher Sprache. Letztlicheres als den Zettel am Baum gibt es nicht, denn er ist der Brief Christi.

Am Ende des 25. Kapitels bei Matthäus steht kein »letztlich«. Es steht da: »Kommt her, ihr Gesegneten meines Vaters! Denn ihr habt mir zu essen gegeben, und ihr habt mich gekleidet.« Und es steht da: »Geht weg von mir, ihr Verfluchten! Denn ihr habt mir nicht zu essen gegeben, und ihr habt mich nicht bekleidet!« Wenn ich wenigstens nicht die Frechheit habe, die vielen anderen Bibelstellen gegen diese eine anzuführen, wenn ich den Zettel lese!

Ich frage mich, woran der Mensch glaubt, der den Zettel geschrieben hat – der Mann oder die Frau. Es muß noch ein Rest Glauben an die Güte des Lebens in ihm sein, sonst hätte er den Zettel nicht geschrieben und an den Baum gehängt. Noch glaubt er, daß man nicht völlig ins Leere ruft. Noch hat ihn sein Elend nicht so kaputtgemacht, daß die Hoffnung ganz in ihm gestorben wäre. Ich bin auch für den Glauben dieses Menschen verantwortlich. Ich bin dafür verantwortlich, daß er lernt: Das Leben ist gut; man ruft nicht vergebens; eine ausgestreckte Hand wird nicht weggeschlagen. Das Elend zerstört ja nicht nur den Leib, es frißt auch die Seele. Es zerfrißt die Hoffnung, das Vertrauen und die Moral. Welche Lektion wird der Schreiber des Zettels lernen, wenn er kommt und keine Telefonnummer findet? Daß das Leben ein Dschungel ist? Daß man selber fressen muß, um nicht gefressen zu werden? Daß man sich Güte im eigenen Leben nicht erlauben kann und daß kein Himmel auf die Erde scheint?

Warum erschrecke ich vor dem Zettel? Vielleicht nimmt mich an diesem Tag niemand so ernst wie er. Er traut mir Güte und Wärme zu. Er traut mir zu, daß ich eine Nachricht vom Leben habe. Er glaubt an meine Barmherzigkeit und an meine Gerechtigkeit. Er lockt mich weg von den falschen Wichtigkeiten. Falls ich ihn nicht übersehe, macht er mir das Leben einsichtig. Den Sinn des Lebens lernt man nicht in Sätzen über den Sinn des Lebens. Man lernt ihn, wenn einen das Leben wärmt. Man lernt ihn, indem man das Leben wärmt.

III. Sie meinte, es sei der Gärtner

Maria aber stand draußen vor dem Grab und weinte. Als sie nun weinte, schaute sie in das Grab und sieht zwei Engel in weißen Gewändern sitzen, einen zu Häupten und den anderen zu den Füßen, wo sie den Leichnam Jesu hingelegt hatten. Und die sprachen zu ihr: Frau, was weinst du? Sie spricht zu ihnen: Sie haben meinen Herrn weggenommen, und ich weiß nicht, wo sie ihn hingelegt haben.
Und als sie das sagte, wandte sie sich um und sieht Jesus stehen und weiß nicht, daß es Jesus ist. Spricht Jesus zu ihr: Frau, was weinst du? Wen suchst du? Sie meint, es sei der Gärtner, und spricht zu ihm: Herr, hast du ihn weggetragen, so sage mir, wo du ihn hingelegt hast; dann will ich ihn holen.

Spricht Jesus zu ihr: Maria! Da wandte sie sich um und spricht zu ihm auf hebräisch: Rabbuni!, das heißt: Meister! Spricht Jesus zu ihr: Rühre mich nicht an! Denn ich bin noch nicht aufgefahren zum Vater. Geh aber hin zu meinen Brüdern und sage ihnen: Ich fahre auf zu meinem Vater und zu eurem Vater, zu meinem Gott und zu eurem Gott. Maria von Magdala geht und verkündigt den Jüngern: Ich habe den Herrn gesehen, und das hat er zu mir gesagt.

(Joh 20, 11–18)

Die Hoffnung ist tot. Das kann man wissen. Man weiß, wer sie umgebracht hat, warum sie umgebracht wurde und wo sie verscharrt ist. Daran besteht kein Zweifel. Maria von Magdala steht am Grab und weint der verlorenen Hoffnung nach, weint jenem Jesus nach, in dem sie sich dargestellt hat. Die Hoffnung ist tot. Daß der Leichnam weg ist, sagt nichts. Dafür gibt es natürliche Erklärungen. Er wird gestohlen oder verlegt worden sein. Daß im Grabe Engel sitzen, besagt nichts. Kein Engel tröstet Maria.

Was weinst du? fragt der andere, der Gärtner, der Unerkannte.

Viele der Ostererzählungen sind wie Berichte von Szenen aus dem Morgengrauen, in dem die Konturen noch verschwommen und die Menschen noch verwechselbar sind. Den sie sehen, kann der Herr sein; aber man kann auch zweifeln (Mt 28,17). Es kann der fremde Wanderer sein, der den Weg mitgeht; es kann aber auch der Herr sein (Lk 24,13–35); der am Ufer steht, kann irgendein Fremder sein, aber auch der verloren geglaubte Christus sein. Und sie erkennen ihn, indem sie angeredet werden und indem ihnen das Brot gereicht wird.

Maria war lange mit Jesus zusammen gewesen. Sie hat mit ihm gegessen und getrunken. Sie hat seinen Mund und seine Augen gesehen, wenn er redete; seine Gesten, wenn er erklärte; seine Haare und seinen Scheitel, als er ihnen die Füße wusch. Warum hat sie ihn nicht wiedererkannt, wie man einen Freund erkennt – an diesen Gesten, an seinen Augen und an der Farbe seiner Haare? Sie erkennt ihn, indem er ihren Namen nennt. Sie erkennt nicht die Silhouette des Leibes, sondern die Silhouette der Seele: Er, der ihren Namen nennt und sie in die Hoffnung zurückruft. Wen soll ich mehr bewundern – den höflichen Christus, der sich nicht wie ein grober Keil auf dem groben Klotz des Unglaubens der ersten Zeugen demonstriert, oder Maria, deren Glaube sich an der Zartheit der Anrede entzündet, am schwebenden Wort und am Namen, mit dem sie genannt wird. Der Glaube der Maria ist nicht erzwungen, wie in der derben Thomasgeschichte: »Lege deine Hand in meine Seite und sei gläubig!« Dem Glauben der Maria bleibt etwas zu tun. Er muß hören lernen: wenn ihr Name gerufen wird, soll sie die Stimme Christi erkennen, der nicht im Tod geblieben ist. Ihr Glaube muß lesen lernen: wenn sie die Gestalt des Gärtners sieht, muß sie Christi Züge in seinem Gesicht erkennen. Es ist, als nähme Christus Maria für voller, für reifer und erwachsener als Thomas. Er demonstriert nichts. Er ruft ihren Namen, und sie sieht ihn. Nicht berühren und anpacken überzeugen sie, nicht Engel und ein leeres Grab. Ihr Name wird genannt, und sie öffnet ihre Augen und sie liest die undeutliche Figur als die Gestalt Christi.

Es hätte auch anders sein können. Es hätte auch sein können, daß der Untergang ihrer Hoffnung sie für einen neuen Glauben zu müde gemacht hätte. Es hätte sein können, daß sie sich geschont und sich gegen eine neue Enttäuschung gefeit hätte. Verständlich genug wäre es. Und verständlich ist, daß die Auferstehungserzählungen zugleich immer die Berichte ihrer Bezweifelung enthalten. »Einige jedoch zweifelten«, heißt es noch im viertletzten Vers des Matthäusevangeliums. Was hat diese Maria, das sie dazu befähigt, die Hoffnung nicht aufzugeben und Christus in der fremden Gestalt zu erkennen? Sie ist keine Glaubenskünstlerin. Aber sie hat ihre Tränen, sie werden dreimal erwähnt in unserem Text. Sie hat sich nicht abgefunden mit dem Tod der Hoffnung. Sie ist weder in Zynismus noch in Resignation gefallen. Beide haben keine Tränen. Beide haben abgeschlossen mit der Hoffnung und erwarten nichts mehr. Sie haben sich gefeit gegen neue Niederlagen. Mehr Wunden, als sie haben, wollen sie nicht mehr. Maria bewahrt ihre eigene Würde der Untröstlichkeit, sie weint. Vielleicht ist die Untröstlichkeit nahe am

Glauben. Zynismus und Resignation sagen: so sind die Dinge, mehr ist nicht zu erwarten; je schneller ihr die Hoffnung los seid, um so geringer ist euer Schmerz! Die Untröstlichkeit über das, was geschieht, und die Tränen halten der Hoffnung eine Stelle frei.

Hoffnung heißt nicht, daß wir mit genügenden Gründen den guten Ausgang der Dinge kalkulieren. Maria hatte keine handfesten Gründe für ihren Glauben. Sie ist in ihren Glauben gesprungen auf ein rasch verhallendes Wort hin. Sicher könnte sie sich irren in ihrer Hoffnung. Aber wie schön wäre noch dieser Irrtum vor dem besserwisserischen Zynismus und vor dem bescheidenen Ausweg der Resignation. Ja, ich möchte diese Maria von Magdala mit ästhetischen Bildern sehen und beschreiben. Es ist schön, daß sie weint und sich nicht abfindet. Sie ist kühn, daß sie auf die Hoffnung setzt und nicht erst nach kühler Berechnung und Abwägung geht und von dieser Hoffnung erzählt. Sie ist ein Mensch mit einer großen Geste, nichts Kleinlich-Zählendes ist in ihr. Sie ist eine Frau, die sehen gelernt hat und der Christus nun kenntlich geworden ist in der Gestalt des Gärtners, des Fremden und in vielen anderen Gestalten, in denen er ihr entgegenkommt – im Morgengrauen.